爱要深，心要狠
幸福不能等

陆琪 著

吉林出版集团
北方妇女儿童出版社

图书在版编目（CIP）数据

爱要深，心要狠，幸福不能等 / 陆琪著. 一长春：
北方妇女儿童出版社，2012.1
ISBN 978-7-5385-6041-1

Ⅰ.①爱… Ⅱ.①陆… Ⅲ.①情感—通俗读物
Ⅳ.①B842.6-49

中国版本图书馆CIP数据核字(2011)第281734号

爱要深，心要狠，幸福不能等

作　　者　陆　琪
出 版 人　李文学
责任编辑　王永梅　王天明
装帧设计　诺　北
开　　本　635mm × 965mm　1/16
字　　数　124千字
印　　张　15
版　　次　2012年2月第1版
印　　次　2013年2月第5次印刷

出　　版　吉林出版集团
　　　　　北方妇女儿童出版社
发　　行　北方妇女儿童出版社
地　　址　长春市人民大街4646号
　　　　　邮编：130021
电　　话　总编办: 0431-85644803
　　　　　发行科: 0431-85640624
网　　址　http://www.bfes.cn
印　　刷　三河市文通印刷包装有限公司

ISBN 978-7-5385-6041-1　　　　定 价：28.00元

爱情里一定会遇到的一百个问题

一部关于爱情的百科全书

目 录

第二部分　爱情是种心理学

第一章 | 硬来的爱情没有结果 059

第二章 | 没有光明正大，就没有爱情 084

第二章 | 让你嫁出去的捷径 142

第三章 | 宅人的嫁人秘诀 159

第四部分　懂得爱情心理学，让爱情变成婚姻

前　言

这几年，一直在作情感咨询和心理研究。总是遇到许多人，感情受挫、失恋、遭遇背叛，或者一直苦等也没有等到对的人出现。

她们问我怎么办。

我告诉她们，这其实是可以解决的，只要你懂得了原因。

许多人也许不屑：爱情嘛，不是只要去爱就好了？

她们总是说："爱情是这个世界上最美好的东西，我们只要等待它降临就好了。爱情是不可以控制，不能用技巧的，在该属于我的时候，总是我的；不该属于我的时候，就会飞走。所以，我们不需要知道爱情是什么东西。"

这句话对吗？在这个世界上，爱情看起来总是随机出现，不知道什么时候来，也不知道什么时候走。是不是我们永远只要被动等待，而无须深究呢？

这当然不对，这也恰恰是很多人被爱情伤害的真正原因。因为你们不知道——

爱情是种心理学。

爱情怎么会不是心理学呢？

你爱别人越多，得到的却越少。

你付出的真心越多，越可能受伤害。

你做人越真诚越老实，就越找不到男朋友。

为什么你爱上一个人后，这个人总是对你越来越坏、越来越冷淡呢？

为什么你以为是千载难逢的浪漫爱情，背后却不是劈腿就是被小三介入呢？

为什么你对一个人付出了无数心力、财力，对方却并没有什么回报，反而要伤害你呢？

为什么你觉得自己总可以等到正确的人，但越等来的人越少，越等身边的人反而越来越少呢？

为什么你以为只要降低标准就可以找到另一半，但条件比你差好多的人，却依然看不上你呢？

很奇怪，我们一直都以为，只要做一个好女人，只要你够善良、够低调、够朴素、够有才华、够贤淑，就能找到爱情。但事实却往往相反。

这一切一切的原因，只是因为你不知道——爱情是种心理学。

而这本书，就是把你在爱情里会遇到的问题都写出来，一点一点地分析给你听，让你在看故事的时候，明白爱情的心理学原理。

这本书，不会有任何晦涩难懂的部分，所有的一切，都是你曾经遇到过，或者即将会遇到的。

一看就懂，一学就会。

让我们每个人，都成为爱情的心理学大师。

第一部分
男人是个什么东西?

爱情心理学告诉我们，每个男女的爱情婚姻都分为三个阶段:

第一个阶段是相互间的感官刺激导致相爱，譬如外貌、歌声、性格、财富、才华等，这些感官刺激，促使双方相爱。

第二个阶段是价值观的相互认同，两个人在怎么看待问题、看待生活上都互相认同，并且可以有思想上的交流。

第三个阶段是角色扮演，两个人在婚姻里扮演不同的角色，分工合作，才可以使一段婚姻完美地持续下去。

第一章

男人和女人是不同的动物

一

所有的一见钟情都和外貌有关

张幽幽是个外貌清丽，颇有些邻家女孩气质的姑娘。这样的姑娘，大概每个城市都有许多，出没在大街小巷，或者行走在白领区里。她们大多聪慧，有工作，但心里面却把感情当做一生最大的事业。

张幽幽谈过好几次恋爱，每次都把全副精神放进去，但结果往往都不好。久而久之，她以为自己不会恋爱，也把心思收了起来，一心工作。直到快28岁，父母实在看不过去，就给张幽幽安排了相亲，又央求女儿给个面子，无论如何都去看一眼。

于是像其他所有的女孩一样，张幽幽勉为其难地去相亲了，而有了第一次，自然就有很多次。我们这一章不是专门讲相亲的，关于相亲的技巧和难题，在后文中会详细地说。总之，在经历过几次难说是称心如意的相亲后，张幽幽终于在第六次相亲中遇到了一个不错的男人。

我们以后会发现，其实相亲也是个概率游戏。在长期的数据统计中，基本上80%的相亲男生并不那么讨人喜欢，还有20%左右是较为迷人的。也就是说，每当你相亲五到六次，就能遇上一个你尚可接受的人选。而这个人能否看上你，就是另外一回事了。

张幽幽在第六次相亲时，见到的是个35岁左右的单身男，在一家外贸公司当总经理助理，时常出国，所以能讲一口流利的英语，而且见闻广博，非常幽默，几句话就能把人逗乐。

男人在相亲时的技巧其实很简单，只要能用幽默把气氛搞活跃，让女孩的心防松懈，其他的种种条件，其实并没有那么严苛。

张幽幽确实为这男人倾倒，两人喝完下午茶，又一起吃了晚饭，相谈甚欢。在吃饭的时候，男人极其绅士，又是替张幽幽拉椅子，又是关心地点饮料、点养颜甜品，哄得她心头火热。

吃完饭后，两人颇有些恋恋不舍。男人提出干脆去看电影吧，几乎不容张幽幽反对，就拉着她去隔壁影院买了情侣座。

这场电影，张幽幽连片名叫什么都没记住，整个人都处于很紧张的状态。那男人却似是若无其事，拉着张幽幽的手，接着又把她拥入怀中。

两个人相识总共才不到十小时，却已经如情侣一样相拥着看电影。这一切发展得太快，简直让张幽幽目眩神迷，她满脑子里想着，这不就是自己期盼已久的一见钟情吗？

这是一见钟情吗？当然是。在之后，我们还会详细讲讲一见钟情的成因以及发展。而在张幽幽看来，一见钟情简直是这世界上最完美的爱情，是可遇不可求的。她等待了那么多年，没想到竟然被突然击中，一种前所未有的幸福感笼罩了全身。

在这种强烈的幸福感中，她晕晕乎乎地和那个男人接了吻。看完电影后，男人说送她回家，张幽幽心底里竟然还有不舍的感觉。

坐着车，一路晃晃悠悠，她都在想着各种奇怪的心事，根本没顾上看车是往哪个方向开的。直至车子停下来，张幽幽正要下车，却陡然发觉，这里根本就不是她家，而且她也没来得及跟男人说应该去哪里。

车子停下的地方，是香格里拉酒店。

男人熟门熟路地说："我先去开房，房间号码过会儿短信你，你锁好车就上来。"

张幽幽愣了一下，傻兮兮地问："上去干吗？"

男人又在张幽幽额头上亲了一下，柔情似水地说："还能干吗，欺负你啊。"

这句话又差点让张幽幽目眩神迷，但她在最后时刻陡然清醒过来：今天不过是两个人第一次见面，就算是一见钟情，看电影、拥抱和接吻就已经是极限了，立刻去开房，怎么也不会有这个速度啊。

她瞬时浑身一冷，赶紧甩开那男人，拎着包下车往外走。走了没几步，就听那男人没好气地在后面喊："喂，你什么意思啊，耍我啊？”

张幽幽回头，此刻看到的男人，已经不是刚才那个柔情蜜意的情郎，而是个欲求不满、面目狰狞的人。她吓了一跳，赶紧加快步伐，逃也似的回了家。

经历过“一夜情”事件后，张幽幽好长时间都没有缓过来。倒不是对那男人余情未了，而是因为从一见钟情的山巅跌落到“一夜情”的谷底，差距着实太大，令张幽幽不知该如何调整。

后来，她还是忍不住，从侧面绕了几个弯，去了解了一下，才发觉这个男人，竟然是个常年的“玩家”。

三十多岁没有结婚，生活和事业都很不错，这让他极为吃香。所以每次相亲，他都会勾搭到一个女人，然后带去开房。十回中倒有九回是成的。所以这段时间，他靠相亲就骗了八九个姑娘，都是一夜情后就消失无踪，鲜有失手。

张幽幽的离开，让那男人面目狰狞。这显然是因为到嘴的肉飞了，才会产生的恼羞成怒。

张幽幽听到了这一出，更是郁闷。她之前还觉得，可能是因为自己长得好看，才让男人生出了邪念，如果真的只是这样，那还值得原谅。但原来并非如此，那个男人压根就是没有底线的，所有女人他都要。那么多次相亲过程里，必然有美有丑，有老有少。可这个男人却完全没挑，几乎个个下手。

张幽幽心想，自己相亲了六次，才勉为其难地相中了这一个。可男人为什么可以做到“众生平等”，个个吃得下呢？

这件事情，她左思右想也想不通，最后只能来问我。

我告诉她，这件事情，不只是会在相亲过程中发生，在恋爱中、在结婚后都会发生。譬如在恋爱时，有的女孩子发现，自己男朋友劈腿了，可劈腿的对象居然是比自己老很多、丑很多的女人。结婚后也一样，老公出轨有外遇，并不一定是和年轻姑娘，有时候就是找了另外一个带着孩子的女人。

二

爱情里一定会遇到的一百个问题之一：男人为什么会喜欢你?

张幽幽所做的，当然是对的。

任何一见钟情，如果最后变成了一夜情，那么这件事情就是一夜情，和爱情无关。结果决定事情的性质。

遭遇这个男人，对张幽幽的心理影响很大。她怎么也想不通，自己眼里这么好、这么难得的一见钟情，为什么会变质，乃至于再也不敢去相亲，甚至不敢谈恋爱。最后无法，只能来找我咨询，想问问里面究竟出了什么问题。

我当时告诉张幽幽的话，也就是现在我要告诉你们的第一件事情。

男人和女人，是两种完全不同的动物。你们在整个感情历程

中，所有时间节点想到的东西，很可能都不一致。你的浪漫，是他的苦恼；他的幸福，是你的委屈。男女之别，就是从对爱情的看法不同开始的。

譬如：**男女相遇一见钟情，女人想到的是LUCK（幸运），男人想到的却是FUCK（性事）。你眼中的幸运，常常只是别人眼里的性欲。**

在张幽幽的相亲过程里，张幽幽看到的是浪漫、是一见钟情、是爱情，她想到的是恋爱、是结婚、是一辈子的丈夫，所以她才会继续聊下去，才会一起去吃晚饭，才会看电影，才会接受拥抱和接吻。

女人的一见钟情，是瞬间爱的激情，她们会被一种瞬时的感觉冲昏头脑，并认为自己彻底地爱上了那个男人，愿意为此而付出一辈子的生活。

但对于那个男人呢？他见到张幽幽后想到的只有两个词：上床、一夜情。

他摆出各种幽默、各种温柔、各种绅士风度，是为了上床和一夜情。他拥抱、亲吻，也是为了上床和一夜情。他故意安排了一系列活动，故意让张幽幽陷入目眩神迷中，故意拖到很晚，就是为了上床和一夜情。

男人做的一切一切，归根结底，就是要把张幽幽拉到香格里拉酒店去。当然，对他来说，去这么好的酒店，已经是非常重视张幽幽了，也就是一个他觉得值点钱的女人，才配得上去值点钱的酒店。

这就是我要说的：男女之别的第一条——男人看上你、喜欢

你、对你好的最初原因，都是因为性本能，因为他对你有性欲；而女人喜欢男人，永远是因为感情，因为想到了爱情和婚姻。

当一个男人对你表达爱意的时候，用不着心怀感激，也用不着以为是上天给你的恩赐，其实男人看上你的原因只有一个，那就是“你够好”。

但同时也不要失望，因为这就是男女本原的区别。男人爱上一个女人，都是先爱上她的身体，然后再爱她的心；而女人爱上一个男人，首先是爱上他的感觉，再爱上他的心。

性别的不同，生物本能的不同，就是差距。男人和女人，是完全不同的动物。

三

爱情里一定会遇到的一百个问题之二：为什么有的男人不挑嘴，只要是个女的他就要?

这是为什么呢？难道男人都没有审美吗？难道他们只有审丑吗？女孩子这边，选男人都是精挑细选，差一点点都不成，两者差距为什么如此大呢？

这就是我要告诉你们关于男女之别的第二点：男人的审美是

条及格线，过线的都算美；而女人的审美是个点，只有达到点才算帅。男人看女人看的是优点，所以他什么女人都能爱；女人看男人看的是缺点，所以她不是什么男人都可以爱。男人把她的优点看腻了，爱情就结束了；而女人没有把他的缺点拯救完，爱情不会结束。

那个男人为什么可以每个女人都要呢？因为在他的眼里，个个女人身上都是有优点的，特别是对这种“身体欲望派”的男人而言。皮肤白是优点，胸大是优点，腿长是优点，骨感是优点，丰腴也是优点。只要有一个优点，那就是可以接受的。

而等到这个男人一夜情完，优点享受完，看腻了，他就会抛弃掉眼前的女人。

而对女人来说呢，她是去观察男人有什么缺点，有自己难以接受的缺点的男人都没法爱上。可是她一旦爱上某个男人，就会变得没有底线，一切缺点都成了优点，或者说，所有的缺点都变成她需要去拯救的东西，这些缺点没有拯救完，爱情就没有结束。

所以男女之别关于配偶选择的最重要一点在于：**男人选配偶是宽进严出，上床谁都可以，稍有姿色便能吸引到男人，但真正结婚的却永远只有一个，而且是最严苛的条件；而女人选配偶是严进宽出，只有看起来最好、感觉最好的人才能吸引到她，而一旦成了入幕之宾后，无论你有什么缺点，女人都能忍着你，让你做她的老公。**

所以像张幽幽这样的女孩子，本来就颇有姿色，要吸引到男人其实并不难。在相亲里面，都是她选男人，而不是男人选她。

但受欢迎就代表着能嫁出去吗？当然不是。你受男人的欢迎，不过是因为皮相好看，所以引得对方乐意看你的美色。但美色很容易看腻，一年两年，一个月两个月，甚至上了一两次床之后就变成了厌倦。

反过来，有些人可能外表很一般，却有非常好的做老婆的品质，所以她们往往会更快嫁出去，并且能生活得很好。

张幽幽就和很多女孩子一样，被男人一时的奉承和讨好给迷晕了脑袋，却不晓得，有些男人张嘴就是讨好，这对他们来说根本就不用过脑子。

在相亲过程里，应该是你在选男人，而不是你去迎合男人对你的挑选，这是一条准则。

第二章

为什么你总是爱上坏男人

一

浪子回头要不要?

张幽幽谈恋爱了。

经过上次恐怖的相亲经历后，张幽幽对相亲已经产生了恐惧感，父母亲戚也觉着不好意思，就没有再逼她。

不相亲但还是要嫁出去呀，张幽幽只能改变一下平时的生活方式，不敢再那么宅了，对于朋友的邀约也不再拒绝，时常跟着人去唱歌，或者去酒吧玩。

眼下的这个男人，就是张幽幽在酒吧里捡到的。为什么说是捡到的呢？因为没有任何人介绍，是属于突然从天上掉下来的。

那天朋友带她去的是一家很熟的音乐吧，坐了一小会儿，几个朋友就分别出去和相熟的人聊天喝酒了，只留下一个人都不认识的张幽幽坐在沙发上，拿着一支啤酒听歌。她是个喜欢孤独的人，倒也不在乎被冷落。

可就在她发呆的时候，一个男人突然坐到了旁边。这男人长得粗犷，浑身肌肉，穿着摇滚歌手的衣服，浑身酒味，已经喝醉了。他坐到张幽幽身边，完全不说话，只是仰着头闭目养神。

张幽幽有点被吓到了，她朋友的东西都在这张桌子上，也不晓得该不该走开，只好小心翼翼地坐开了一点。

那个男人倒是没什么攻击性，只是跟随着酒吧里的音乐，嘴里轻轻地哼着歌，旋律分外好听。

张幽幽被这歌声吸引住了，悄悄望过去，吃惊地发现，那人居然在哭。虽然不是号啕，却有几颗眼泪从眼角泌出，悄无声息地钻入发尾，就像是落进黑夜里，再也看不见。

张幽幽立刻想到了阮籍穷途而哭的故事。晋朝名士阮籍，总是酩酊大醉，驾车冲过市集，有路就走，一直狂奔到路的尽头，望着来路和去路号啕大哭。

每个男人的心里，都有一种穷途末路的绝望。张幽幽见到了这个男人的眼泪，心中不由得一恸，反而与那男人坐得更近了。

这个晚上，张幽幽没有和任何人说过话，只是在这个喝醉酒的陌生男人旁边坐了好久好久。到最后，这个完全醉过去的人，把头枕在张幽幽腿上睡了几个小时，竟然也变成了一件正常的事情，她还找了块毛毯给那男人盖上。

这一夜就这么过去了，朋友们一直都笑，张幽幽在酒吧的第一次艳遇，是给人当了妈。大家都以为这无非是风花雪月中的一个小插曲，散场就散场了。

但到下一次再去这个酒吧的时候，张幽幽她们发觉，那男人竟然是一个乐队的成员，名叫刚子。

刚子看见张幽幽也是欣喜若狂，当众就为张幽幽唱了好几首歌，还送了几扎啤酒过来。唱完后，刚子跑来跟张幽幽交换了电话号码。

大家见刚子长得不错，又会唱歌，都说张幽幽随便来个酒吧都能捡个男人回去，真是傻人有傻福。但实际上，并没有谁觉得张幽幽和刚子会有发展，因为酒吧就是个大家随口表达爱意的地方，如果当真就傻了。

但张幽幽却不这么想。她觉得自己见过刚子最软弱的一面，这个外表彪悍的男子，其实内心脆弱得像个孩子。如果见到了人的灵魂，那就不再是逢场作戏了。

果然，之后的日子里，刚子不断地和张幽幽短信联系，两个人的感情迅速升温，一个月不到就约会了七八次。到第二个月的时候，刚子正式提出，要张幽幽搬去和他同住。

两个月就同居，速度好像是快了点。张幽幽拿不定主意，就去问朋友们，谁晓得一问之下，就招来了无数的反对声。

虽然她的朋友和刚子不熟，但对那酒吧熟，一问之下就晓得，原来刚子算是个相当有名的“浪子”。

因为是乐队成员，外貌又不错，所以刚子一直很受女孩子喜欢，身边的女人总是不断地换。一夜情啊，劈腿啊，甩女孩啊，反正各种风流韵事都有过。这在刚子的圈子里自然算不上什么，可能越是浪子还越受欢迎。

但张幽幽却是个好姑娘，她是要找个好男人结婚的，不管用哪只眼睛看，不管用什么脑子想，像刚子这样整天泡酒吧玩姑娘也没个正经工作的人，都不会是好老公的形象。

所以朋友们纷纷劝张幽幽放弃这段感情，千万不要越陷越深。

刚开始，张幽幽听着朋友们众口一词的劝解，也下定了决心。但回去后和刚子深聊了一晚上，又动摇了张幽幽的决心。

刚子在她面前赌咒发誓，说自己已经洗心革面，再也不会回到从前的生活，并且发誓，要逐渐和从前的人断交，以后就为张幽幽做一个好男人。

他还为自己的悔过找到了理由，那就是自己——玩累了。

一个浪子玩累了，就想要找到家的感觉，就想要回到一个能让灵魂安谧的地方，而这个地方，就是一个女人。张幽幽就是这样的女人。刚子发誓他要为了张幽幽而浪子回头，发誓自己一定能成为一个好丈夫。

得到了这样的诺言，一直信奉浪子回头金不换的张幽幽就真的不知道该怎么办了，所以跑来问我，希望能得到一个明确的答案。

我的答案当然是很明确的："不要。"

就这两个字。

张幽幽当然不肯罢休，一定要问个究竟。我知道必然是这结果，所以告诉她，为什么在感情世界中，浪子回头往往不是金不换，而是狗拉屎。

二

爱情里一定会遇到的一百个问题之三：男人玩累了真的会收心，从此变成好男人吗？

这个问题，许多人都会遇到。

但每个人遇到的情况不一样。像张幽幽，是遇到一个浪子回心转意想做好男人，这样的男人要不要？

而有的人呢，是自己的男朋友或者老公出轨了，然后再幡然醒悟，悔过自新，这样的男人要不要原谅？

看起来例子并不相同，但问题是一样的。这也就是我现在要回答的第三个问题：男人玩累了真的会收心，从此变成好男人吗？

这个问题其实要拆开来看，首先是前半截“男人玩累了会收心吗”。

这一半当然是肯定的，任何一个男人，玩累了之后都会收心。这点众所周知，没有人会否认。

所以绝大部分男人都说出这句话来忽悠人，实际不过是利用了女孩子逻辑不好的弱点，转移了焦点。

这个问题的重点其实是后半截“从此会变成好男人吗”。

这半个问题的答案，对于所有男人来说都是“未必”，而对于回头的浪子来说，则几乎百分之百是“不会”。

男人用既成事实的前半个问题来迷惑你，让你接受后半个疑问，用“收心的浪子”来替代好男人的概念。

而事实上，浪子回头就代表永远是好男人吗？当然不是，他的回头、他的收心，是一辈子，是十年，是五年，是一年，是一个月，还是一天？

如果是一辈子，那么我们可以承认他变成了好男人，但如果只是一两年呢？

浪子收心容易，收一辈子心却难啊。

为什么呢？因为男人永远都在想要一个稳定的家和想出轨这两者之间摆动。

这个现象，我称之为“男人的躁动选择症”。

每个人都是有欲望的，这无可厚非，但男女对欲望的追求是有区别的。女人的欲望大多是让自己更美丽、更年轻，找到一个好老公，有和睦的家庭，有可爱的孩子。女人绝大多数的欲望，都和家庭有关。

而女人在情欲两个字上，更着重于情，而不是欲。

对男人来说却恰好相反。男人对欲望的追求是自己更成功、更有钱、事业更好，别人更看得起自己，自己的地位更高。男人的欲望基本上都和野心和事业有关。

而在情欲两个字上，男人更看重欲，而不是情。

所以，男人追逐事业，也追逐各种身体的欲望，这是源自于生理性的，是每个男人都无法改变的事实。

但与此同时，大家会明白：无论是追逐事业，还是追逐不同的女人，都是一件非常累人的事情，而只要疲惫了，就一定会想要休息。

所以男人分为两种，一种永远以家为核心，他们几乎不出去玩，也很少离开家去拼事业，他们所有的一切，都是为了筑巢。这一类，往往是我们眼中的好男人、好老公。

而另一类呢，他们基本上不着家，家对于他们来说就是一个后勤站。这些男人，也许是为了事业而放弃家庭，也许是为了女人而在外寻花问柳。这一类，就是浪子。

不过，凡是浪子就一定会累，所以当他们累了，就要回家休息，这个过程就是浪子回头的过程。

但寻找新鲜感，寻找新的女人，是刻在浪子灵魂里的东西，他们在外面玩累了，当然会回头休息，但在家歇够了，却也会继续出去玩。

有人问，男人从前很花心，劈腿、找小三、让人堕胎，但后来浪子回头了，这样的男人好不好。也有人问，老公勾三搭四，但诚恳地祈求原谅，是否能谅解。我告诉你们，原谅这些男人的前提，是你有足够的信心去承受下一次背叛，因为出轨是不治之症，隔几年就会复发一次。要记住，忠贞是男人的处女膜，破了，就再也补不回去了。

浪子永远是在家和出去玩这两者之间徘徊，几年反复一次，除非你能忍受这种反复，否则就不要选择这类人。

三

爱情里遇到了坏男人，一定要懂得止损

张幽幽为了要不要和刚子在一起的事情，问了许多朋友，听了无数反对意见，几乎每个朋友都劝她不要。

几天后，她搬去和刚子同居了。

这就是女人，明明所有人告诉她不可以，明明知道事实是怎样，明明知道什么是对什么是错，甚至都可以预测到结果是怎样，她还是要义无反顾地投入进去，飞蛾扑火。

因为爱。这是唯一的原因。她爱上了刚子，所以愿意去赌这一次。

他们同居的前半年，可以说过得相当好，也让身边不看好他们的人大跌眼镜。

刚子一改以往颓废的模样，开始戒酒、收心，和从前的女人都断了来往，除了演出之外，基本上都在家。

而张幽幽也时常会去酒吧，静静地陪着，看男友的乐队表演，然后两人吃完夜宵就回家。

他们并没有吵架，也没有分手，感情日益增进，似乎很恩爱。在别人眼里看来，刚子果真是浪子回头了，和从前的样子大相径庭。

半年过去，朋友们基本上都认同了张幽幽的选择。但反过来，张幽幽的心里，却越来越抑郁。

日子有如外人看到的那么好吗？有时候过日子就是如人饮水，冷暖自知。好与不好，只有自己心里清楚。

爱情心理学告诉我们，每个男女的爱情婚姻都分为三个阶段：

第一个阶段是相互间的感官刺激导致相爱，譬如外貌、歌声、性格、财富、才华等，这些感官刺激，促使双方相爱。

第二个阶段是价值观的相互认同，两个人在怎么看待问题、看待生活上都互相认同，并且可以有思想上的交流。

第三个阶段是角色扮演，两个人在婚姻里扮演不同的角色，分工合作，才可以使一段婚姻完美地持续下去。

张幽幽和刚子在第一阶段，就是互相吸引，然后因为这些感官上的吸引而相爱，并且同居了。他们之间存在爱情，这点毫无疑问。

但在第二阶段，却出现了问题。张幽幽忽然发觉自己心里想要的未来老公形象，和现在的刚子完全不是一个人。

张幽幽从小到大都希望能嫁给一个高大威武的男人，有事业心，可以帮张幽幽作各种决定，在外面受了委屈，可以在这个男人的怀里哭一下。如果有什么解决不了的事情，就全部丢给这个男人做。

但刚子虽然看起来挺高大挺彪悍的，满脸胡子，貌似很有安全感，但实际上，在他强壮的身体里面，是一颗敏感和脆弱的心。

这个在外面看起来挺威风挺MAN的男人，一点点委屈都受不了，稍有不顺心就乱骂粗口，一憋屈就要回家躲在床上哭，有好几次都是张幽幽抱着他哭了一整夜。

而另一方面呢，刚子对于事业完全不上心，音乐对他来说就是事业，但又没有更好的拓展方法，不过是随波逐流，想怎么玩就怎么玩。不只是养活不了张幽幽，甚至连养活自己都有点成问题。

刚子他们玩乐队，经常要花不少钱，请人编曲啊，录音啊，买乐器啊。他要是没钱，就回家发愁，整宿整宿不睡觉，猛抽烟，甚至一边喝酒一边流泪，看得张幽幽心疼不已，于是每次都拿出钱来给这男人。

这样几次下来，张幽幽把工作几年存下来的十多万元都搭了进去，可是刚子的事业却毫无进展。而且不仅仅是钱，刚子还喜欢找张幽幽的朋友借钱或者帮忙，时间一久，大家都被他麻烦过，都不太待见他，也开始躲着张幽幽。

这样的男人，又弱，又没用，还需要女人养，可以说不算好男人，站在结婚选老公的立场上，说是坏男人也无不可。

但张幽幽却一直下不了决心分手，虽然这念头在心里盘旋已久，但始终都无法变成现实。

每次张幽幽气到不行的时候，只要看到刚子忧愁的眼神，看到他无助的样子，看到他整晚抽烟的背影，就立刻心软了。

又过了几个月，有一次刚子出去表演，张幽幽本来加班，结果提前结束，于是就跑去酒吧，想给男朋友一个惊喜。

但在很多时候，惊喜都会变成惊吓，这次果然也是这样。

张幽幽刚走进酒吧，就看到自己男朋友和一个女人几乎是半搂着又说又笑，那女人的头靠在刚子肩膀上，两人很是亲昵。

看到张幽幽走进去，两个人立刻分开，装得和正常一样。

当时张幽幽倒是没说什么，但事后，乐队的人看不过眼，悄悄告诉她，那个女人其实是刚子的前女友，最近经常来给刚子捧场，两人这么亲热已经不是一天两天了。

张幽幽听到这一出，当然很生气，立刻和刚子大吵了一架。刚子却爆出，他是因为缺钱，而前女友是个富二代，愿意借钱给他，所以才会见面的。如果他有足够的钱，就一定不会再见面。

张幽幽听了很生气，又哭又闹，到最后，居然把自己的银行卡丢给刚子，要他把钱都取出来还给前女友，不许他们再见面。

刚子拿过了卡，对张幽幽既哄又骗，才安抚了下去。可拿走了钱之后，张幽幽发觉他和前女友并没有减少接触，反而越来越多地在酒吧里看到她。

几番下来，张幽幽没了法子，只能来找我咨询。她很想知道，明明是这样一个男人，又不上进，又撒谎，还要花女人的钱，可为什么她总是舍不得放弃他呢？爆出了前女友的事情后，张幽幽不仅没有成功分手，反而似乎更加在乎刚子，几乎形影不离，想要管着他，怕他被人抢走。

这是为什么？

四

爱情里一定会遇到的一百个问题之四：为什么你总会爱上坏男人?

其实每个女孩子都会发觉，自己很容易爱上坏男人。

所谓的坏男人，其实有很多类型，但最常见的是三种：

第一种是弱，这一种男人总是很软弱，承担不起责任，老是需要你照顾、需要你安慰。

第二种是花，这一种男人身边总是围满了女人，有各种追求者，任何时候都有出轨的风险。

第三种是狠，这一种男人对女朋友狠得下心，说不要就能不要，能有多坏就有多坏。

这三种男人毫无例外地都可以有许多女朋友，有很多女人倒贴，有很多女人为他们痛不欲生；而正好相反的是，那些对女朋友好、有责任感也专一的男人，反而不会有许多女友，有些甚至还找不到对象。

是因为女人犯贱吗？当然不是。其实这三种男人受欢迎，是有爱情心理学的内在原因的。

奶爸的爱情心理学告诉你：女人的爱情是一种情绪，这种情绪往往包含母性、征服欲、性欲和不甘心。任何一个因素刺激这种情绪的爆发，都能让女人觉得自己爱上对方而难以自拔。

拿张幽幽来举例。刚子就是一个非常弱的男人，他在事业上没有能力，甚至需要女人养着，这是典型的小白脸。

但为什么这么弱的小白脸会讨人喜欢呢？

如果在恋爱之前，告诉你有个男人是小白脸，需要女人养，张幽幽会愿意吗？当然不愿意，但为什么两人相处后，张幽幽就飞蛾扑火般地爱上了他呢？

就因为对方弱，激发了女人身上的母性情怀。这种母性情怀如果单独拿出来说，你当然知道这不是爱。但如果是在恋爱中呢？母性情怀又不会写一个“母”字在你面前。

你只知道会有一种忍不住想要关心对方、想要帮对方的情绪出现。你以为这种情绪是爱，但我告诉你，这种情绪就是母性。只不过它出现在恋爱中，所以你把它当成了爱，从而很犯贱地去关心、帮助对方。

装弱的男人，其实都是一个陷阱，他们能让女人母性泛滥，然后以为这就是爱情。

无论你是因为同情还是爱，只要对一个男人产生了强大的母性，这个男人都不会是好丈夫。因为在婚姻中，你将会是一个纯粹的付出者和牺牲者，只有你疼别人，没有人疼你。

而另一种情况，就是男人花。那种男人大多外表较好，爱去夜店、酒吧这些地方，身边有很多女伴。做他们的女朋友，你总是会有危机感。

在这种情况下，有种新的情绪会滋长出来，那就是想要打败其他竞争对手，得到这个男人，让别人羡慕自己。

这就是征服欲。你并不一定爱这个男人，但你受到了外界的刺激，让你想要得到这个男人。

坏男人们就是利用了这种情绪，使得无数女孩子对他们趋之若鹜。你们会发现，一个男人再好也没用，还不如他身边妹子多来得受欢迎。女朋友越多、越是花心的男人，就越能惹人去追求，而且每个都追得不死不休。

第三种情况，就是男人够狠。譬如张幽幽的男朋友，明明和前女友勾三搭四，但对张幽幽能骗就骗，拿了张幽幽的钱，还是继续骗她，没有道德底线，也从来不兑现承诺。

但为什么张幽幽却下不了决心分手呢?

就因为那个时候，她的心里产生了一种不甘心的情绪。她不甘心就这么放弃，不甘心自己的男朋友被别人抢走，也不甘心自己付出了这么多代价却一无所获。

往往是男人对你越坏，让你付出的代价越多，这种不甘心的情绪就会越强烈。你们可以看到，张幽幽在刚开始的时候，还会有想分手的心思。但随着付出得越来越多，分手也变得越来越难，等到刚子的前女友出现，那种不甘心的情绪到达了极点，她不仅不分手，还要付出更多代价，来抓住刚子的心。

这究竟是爱，还是情绪呢?

我们为什么会爱上坏男人?这并不是因为女人犯贱，而是因为坏男人身上的“坏”可以触发女人的母性，可以激发女人的征服欲，可以让女人不甘心。所以男人越坏，女人越爱。

但这样好不好呢？

有些女孩患有“专爱人渣综合征”，自己条件好，还偏偏爱性格差的、好色的、小白脸一类的坏男人。女孩总是以“安全”和“帮助他”为借口，义无反顾地投入恋爱，最后她们只能成为这些男人的牺牲品。在这个世界上，人渣总是惹人爱的，因为每个人渣，都能激起女人的母性和帮助欲。这是最可怕的陷阱。

不要想着去拯救男人，所有需要你拯救的男人，大多冷、贱、烂，是吞噬好女孩的巨大无比的陷阱。这种男人靠激发你的母性来控制情感，他们的缺点、困境，无非是要引起你的同情心。一个值得爱的人，应该是踩着五色祥云来拯救你的大英雄，永远也不需要你可怜。

第三章

男人为什么总是出轨

一

男人主动提分手时，态度往往特别坚决

张幽幽和刚子的状况越来越奇怪，在外人看来，张幽幽似乎是天天和刚子在一起，显得很亲密。

但大概只有熟悉的朋友才晓得，两个人有些貌合神离。张幽幽跟着刚子，完全是为了看住他，不让他再见前女友。

但这样的管，又能管多久呢？

没过几个月，刚子就郑重其事地跟张幽幽提出了分手。张幽幽当然很难过，又哭又闹，这和她从前洒脱独立的性格完全不一样。可陷入感情漩涡的女人，往往都会像换了一个人似的。

张幽幽几乎是恳求着问刚子，问他为什么要和自己分手。

刚子说，是因为张幽幽把他看得太紧了。按刚子的话说，他是一只没有脚的鸟，从来都不会停下来，更加不会被笼子关住。

而张幽幽现在就像是一个笼子，把他给紧紧地关了起来，让他难以呼吸。刚子说，再这样下去，张幽幽会扼杀他的才华，让他的事业进入低谷期。

这话其实完全是瞎扯淡，刚子活到快30岁，他的事业就从来没有高潮过。一直自由呼吸着，可怎么才华老也不显露呢？

如果是从前的话，张幽幽一定会反驳回去。但刚子一提出分手，张幽幽的心就立刻乱了，她瞬间丢失了所有的尊严、所有的底线，全部的心思就是想要挽回。

张幽幽只能低声下气地问刚子，要怎样才能不分手。

刚子还是一味要分手，最后实在是被张幽幽纠缠不过了，才说出条件：两个人分开住，张幽幽搬回自己家，一个礼拜最多见两次，只能在刚子那边过一夜。

这条件对于两个已经同居的人来说，简直是屈辱至极，但张幽幽为了不分手，竟然全盘答应，并且很快就从刚子的房子里搬了出去。

现在回想一下，在刚开始的时候，刚子为了追到张幽幽，为了能和她同居，简直赌咒发誓，差一点下跪流泪。而和那时相比，如今的现实是多么残酷。

女人在爱情世界里的地位就是这样从云端坠入泥沼的，分界线就是当你爱上这个男人时，你的自尊和底线都会被抛到九霄云外。

但事情并没有完。张幽幽搬出去后，更加委屈地和刚子在一起，连身边的朋友都看不下去了。可是她就像是着了魔一样，始终离不开刚子。

就算是这样卑微，刚子却依然在一个多月后提出了分手。这次的原因倒不是什么笼子、才华了，而是摆出一副好男人的样子，说自己太穷，和张幽幽在一起就是拖累她，所以他希望张幽幽不要委屈自己，而是找一个更好的男人嫁了。

这次张幽幽就更不愿意分手了。她根本就不是为了钱而和刚子在一起的，为了对方的事业，都已经付出大量的人力物力，还怎么可能因为刚子穷而分手呢。

但不知为什么，刚子就是特别坚决，他让张幽幽一定要好好考虑，说自己已经不想再拖累她，这回铁定要分手。

张幽幽怎么也想不通，躲在家里哭了两天，然后跑来找我，想问问我，男人为什么一定要分手？难道事业和钱对他们有这么重要？难道面子有这么重要？难道在男人的眼里，女人都是只能同甘不能共苦的吗？

二

爱情里一定会遇到的一百个问题之五：男人为什么要主动提出分手？

张幽幽的故事当然不是个例。像这样的案例，我不晓得遇到过多少。

毫不夸张地说，我每天在微博上都会收到类似的案例：男人主动提出分手，而且分手的理由永远是高尚、正确和为女孩子着想的。

有哪些理由呢？

譬如，我实在是太穷了，不想拖累你；譬如，我还要拼几年事业，你等不起的，不要等了；譬如，以你的条件应该找一个更好的（更高的、更有钱的、更有权的、更高学历的，等等）男人；譬如，我们不在一个城市，我不想连累你（当初恋爱的时候怎么不嫌异地）；譬如，我觉得自己脾气太差，以后一定会对你不好的；譬如，我买不起房子，不想让你住出租房……

你们会发现有一个共同的特点，那就是男人所找的理由，表面看都是为了女人好，但实际上呢，都是以此为借口，来逃避分手的责任。

为什么说这些是借口？因为你仔细想想就知道，他们提出的理由都是很可笑的。说起来是为了女人好，但其实呢，这些都是女人在爱情里从来不在乎的。

你穷？谈恋爱的时候不也一样穷吗？嫌穷早就别爱了啊，现在拿出来说干吗？

再譬如异地恋，刚开始谈的时候，男人不晓得为异地恋找了多少借口，把异地恋说得千好万好，什么问题都不会有。可真到了想分手时，却把它拿出来当挡箭牌。

什么是借口，什么是真心话？

男人嘴里说出来为你好的都是借口，为他自己好的才是真心话。

男人在分手的时候为什么要找借口？就因为男人是一种竭力躲避责任的动物，他们在一般情况下是不会主动提出分手的。

在我们的案例分析中，超过三分之二的分手都是由女人提出的。就算这段关系已经破烂不堪，就算男人已经难以忍受，也只有三分之一的男人会提出分手。

我们最常见的分手状况，往往是男人玩失踪，或者突然不接电话不见人，或者就干脆爱搭不理，逼得女人用尽各种方法也无济于事，最后由女人自己来提出分手。

男人是不愿承担责任的动物，他们可以不开口，就一定不会开口。

那问题就出现了：你的男人为什么要主动提出分手呢？是什么原因让他宁愿承担这样的风险和责任，也要主动离开你呢？

奶爸的爱情心理学告诉你：当男人主动向你提出分手时，不用去管他用什么借口，真正的原因，都是因为另外一个女人，或者是想要去追求另外一个女人。

也就是说，男人主动离开一个女人，都是因为有另一个女人在等着，或者他想要去追寻另外一个女人。几乎没有什么例外。

我们可以去分析男人的心理。对他们来说，主动提出分手是一种利益损失，离开一个女人也是一种利益损失。就算不爱女朋友了，对男人来说，也没有必要主动离开，大不了劈腿嘛。

能让他们甘愿冒着两个利益损失而提出分手，只可能是因为有一个更加巨大的诱惑在等待着他。

绝大部分男人都懂得利益均衡的道理，他们在感情世界里像是商人一样，没有下家，就不会轻易出手。

男人主动提出分手，十有八九是因为有了新女朋友的人选。所以，男人主动分手和有小三几乎可以画上等号。从这个角度来看，女人更加敢爱敢恨，爱情和买卖无关；而男人却更像是商人，没有下家绝不会主动出手，就算有了下家也常惦记着“货卖两家”——这就是现实版的爱情买卖。

所以，当男人主动提出分手，你不要老想着挽回感情。你要挽回的根本不是过去的感情，而是一颗正在奔向小三的心。

其实许多女孩子，都因为被爱的情绪给纠缠住了，所以看不懂男人谎言下的真实意图。男人提出的分手理由是事业不行，就真有女人傻傻地出钱出力帮他搞事业，以为这样可以挽回。男人提出的分手理由是异地恋，就真有女人傻乎乎地千里迢迢跑过去，以为这样就能解决问题。

一切问题都是可以解决的，但一颗奔向小三的心怎么可能挽回呢？

所以，男人主动提出分手，几乎等于出轨，牢牢记住吧！

三

为什么女人特别顺从，男人还是要出轨?

张幽幽听了我对男人为什么主动提出分手的解释后，虽然心有所悟，但还是没有下决心和刚子分开。

世事都是如此，听到容易，讲出来难；说着容易，做起来难。

张幽幽仔细地想，刚子当时所说的分手理由，是因为事业不好怕拖累人。那么如果刚子的事业能够好起来，无疑心情也会好，或许两个人就可以和好如初了。

所以张幽幽决定，要更加支持刚子，不仅要在经济上让他没有后顾之忧，而且在生活上也要好好照顾他。

女人在爱情里面，往往会把一件非常明显的坏事情当成好事情来看待，甚至把男人对她所有的坏、所有的残忍，都当做好事情来理解。

这么做的原因当然不是因为爱，而是因为情绪，是我们之前所说的情绪让女人完全走进了死胡同。而到了那时候，两个人的关系往往也已经走向末路，离最后出事不远了。

那天，张幽幽听乐队的人说，刚子有些不舒服，好像是感冒了。玩乐队的人，对嗓子的保养是很看重的，张幽幽也没敢怠慢，专门从单位里请了假，回家熬了冰糖炖鸭梨，然后用保暖壶装了，巴巴儿地给刚子送去。

虽然从刚子家搬出来了，可张幽幽还留着家门的钥匙。她过去也没想什么，就当是自己家一样，开了门进去，换上拖鞋。

可换拖鞋的时候，她忽然看到旁边丢着一双MIUMIU的鞋，顿时心里咯噔一下，随后就听到房间里有男女暧昧的声音。

张幽幽顿时一股血冲上头，眼泪刷地下来了，脑袋里全是乱的，也不知怎么就走到房门口，用力推开房门。

果然不出所料，刚子和他的前女友两个人正光溜溜地在床上滚着呢。

张幽幽号啕大哭，用力把保暖壶朝床上丢去，对那个女人破口大骂。

那壶里的糖水滚烫，把那女人给烫到了。刚子居然没有半点羞惭，反而训斥张幽幽，骂她没有分寸，像个泼妇，想要毁别人的容。

张幽幽心里又是委屈又是绝望，一时冲昏了头脑，冲上去就想要打那女人。可刚子衣服也没穿，跳起来就扇了张幽幽一个耳光。

张幽幽顿时愣住了，她从来没有见过刚子这样扭曲狰狞的面孔。她仿佛是第一次认识刚子，而这样的男人，显然已经不是当初她爱上的那个。

这个屋子里，一个是面目狰狞正在发狂的男人，一个是脱光衣服的女人，还有号啕大哭的张幽幽。到最后，离开的自然是张幽幽。

她忽然发觉，她是最没有资格留在那里的。床上的女人不是她，而刚子早就想要跟她分手，刚子心里的女人也不是她。这个屋子，她早就不是女主人了。

张幽幽像个孤魂野鬼一样，飘进了夜色里面。她不知道自己是怎么走路的，也不知道自己走在哪条路上。一直走一直走，到了大半夜，她才回到家。

而关上房门时，她已经冷汗淋漓。她把头埋在枕头里，难以抑制地哭泣起来。这一夜真是撕心裂肺，张幽幽的灵魂都被哭碎了，然后再一点点地捡起来粘好。等到第二天，她尽量不让人看出自己的异样，然后去上班。

然而灵魂受伤，整个人就如行尸走肉。她这样坚持了一个礼拜，谁也没有告诉，只是自己忍着，最后终于忍不住，跑来找我。

张幽幽来找我，问的第一个问题是什么？

是如何才能不痛苦吗？是怎样才能从失恋中走出来吗？

都不是。

几乎所有女人在失恋后，心里最想问的问题、她们心中最大的疑惑都是一样的。

那就是“为什么”。

女人在分手后，都不会去想“怎么办”，而只是纠结于“为什么”。

张幽幽跑来问我的第一个问题就是：“刚子他为什么要出轨？”

她没有考虑到自己失恋后该如何开始新的生活，也没有想过应该怎么忘掉刚子。她还是要问为什么，为什么对方会出轨。

四

爱情里一定会遇到的一百个问题之六：男人为什么总是出轨？

有多少女人遭遇过男人的出轨？在我的统计里，年过三十的女人群体中，七成左右都有过自己男人出轨或者劈腿的经历。

为什么会这样？原因要从社会性、道德感和男人的本性这三点上面来说。

首先，男人为什么总是出轨？这和社会的男女比例失控有关。大家一定听过国家的统计数据，说男人比女人要多很多，说什么光棍会有多少。

但事实上呢？不要去相信数据，你观察一下身边，是剩女多还是剩男多？当你找不到男朋友的时候，身边有没有适龄的单身男子？

数据是会骗人的，但现实不骗人。在城市里，只有剩女没有剩男，大量30岁以上的女人单身着，而30岁还没有结婚的男人屈指可数，城市男女比例的失衡可想而知。

为什么城市里会男少女多？这个问题我们会在之后的章节里详细讨论，这里你只要接受一个观点，那就是，在城市里，一个男生身边很可能围绕着好几个单身女孩。

也就是说，男生稀少而女孩太多，女孩子变得极为缺爱。而现在男生对女孩的追求变得很容易，许多女孩甚至都来不及验证对方有没有伴侣，就急吼吼地扑上去，导致“被小三”的、出轨被骗的比比皆是。

这就是我们所见的第一大原因：城市里男人少而女人多，使得男人太容易追到女孩，也受到了太多诱惑。

虽然这个原因排在第一位，但其实并不是最重要的。

男人为什么会出轨的第二个原因，与道德感有关。

经常有人问我，那些爱出轨、爱劈腿的男人难道没有道德吗？我告诉你，这个国家的男人，对社会可以有道德，对民族可以有道德，但对女人是没什么道德的。你眼里的出轨、劈腿，他们反而誉之为“风流”，成了引以为傲的好事情。

没错，在中国的传统文化里，男人的出轨、劈腿、有一堆女人，不叫道德败坏，而叫风流。而对中国男人来说，风流似乎是一件好事情，并不违反道德准则。

虽然自男女平等后，男人对此有些避讳，但在私下的男性聚会中，大家对各自的风流韵事都还是很得意。而在某些城市的生意人中，出去聚会带一个漂亮女孩似乎成了惯例。甚至在微博上，像“私奔”这种话题都可以被某些男人拿来当做炫耀的资本。

也就是说，出轨对于绝大多数男人（当然不是全部）来说，是没有道德门槛的。对于那些男人来说，出轨甚至不会让他们脸红一下。

所以，千万不要用道德来要求男人忠诚专一，他们不具备这个道德属性。

虽然这个原因排在第二位，但其实也不是最重要的。

男人为什么会出轨，最重要的原因，是和男人的性心理有关。

一个男人为什么会爱女人？男人的爱是什么？男人的爱基本上是性欲和征服欲，这一点，我在《婚姻是女人一辈子的事》中说得很明白。

那么当一个男人和你上床之后，他的性欲得到了满足，而你对他千依百顺，事事都听他的话，他的征服欲自然也得到了满足。

当男人的两个欲望都满足了之后，他并不是从此爱上了你，而是对你的爱结束了。

这一点必须非常注意。因为女人的爱是母爱、性欲、征服欲和不甘心，当女人这些情绪爆发出来之后，她会主动爱上男人。

而男人恰恰相反，他的情绪得到满足后，他反而就不爱了。

所以女人的爱比较难达成，但一旦出现，就很难消退。而男人的爱很容易达成，一旦完成，就迅速消散。

正因为如此，男人成为一种追求新鲜的动物。他们满足了之后就迅速厌倦，然后当新的目标出现后，他们对旧的占有品并不会有什么眷恋。

这就是男人的爱情心理。我经常说，男人的喜新厌旧，并不会因为女人素质好坏而有什么差别。一份隔夜的佛跳墙再好，也不如一碗新鲜的小炒肉。

所以由此我们会知道，男人并不会因为爱而结婚。一个女人嫁给一个男人后，她往往已经成为了被征服之后的残渣，之所以这个男人和她继续生活，只不过是她比较适合过日子而已。

对于绝大多数男人来说，只要有合适的条件，他就一定会出轨。而所谓的出轨条件，无非是三方面：

第一，有合适的对象；第二，有合适的心理；第三，有合适的机会。

我之前已经说过，社会性导致现在城市里男少女多，所以对大多数男人来讲，合适的对象始终存在。

而合适的心理呢？他们并不会把出轨当成一个道德问题，那么就不会有内疚心，不会愧疚，这就有了合适的心理。

而最后所欠缺的就是合适的机会。很多男人有贼心没贼胆，有贼胆没有出去偷的时间，这才是大多数男人没有出轨的原因。

就像在张幽幽的案例中，她的男朋友本来就有合适的对象——前女友，而且有合适的心理——浪子，最后就差了合适的机会。

而张幽幽看到他们在一起很暧昧后，并没有迅速采取措施阻止，而是听之任之。最后，她还离开了同居的家，为男人留出了出轨的时间和机会。

三个条件重合，她男友想要不出轨大概都很难。

看完这一节，大概所有人心里都很沉重，仿佛所有男人都会出轨，那么我们还嫁给谁去呢？其实并不是所有人都出轨，或者说，生理、心理双出轨这件事情，真正能实施的男人还是小部分。所以下一节我们来讨论，什么样的男人不会出轨。

五

爱情里一定会遇到的一百个问题之七：什么样的男人不会出轨?

按照上面所说，男人本来都是喜新厌旧的动物，只要条件合适，都会去尝试出轨。那么，是不是没有完全不出轨的男人呢？

如果从严格意义上来说，要男人对别的女人完全没有性幻想，那是绝无可能的。这是一个可以下决断的事情。

但是，要求男人只对老婆有性幻想而不允许对其他任何人有性幻想，并把这个当成心理出轨，那就是量刑过度，我认为要求过于苛刻了。

男人难免对美女有一些遐思，甚至脑海里有一个情色的幻想，这是难以遏制的，甚至对于每个人来说，都很难遏制。

那么，什么才是心理和生理出轨呢？

我有一个很简单很实际的定义：**当男人喜欢上了婚外（恋爱外）的某个女人，并采取了一定的行动，把这种喜欢变成了现实，那么可以确定这个男人出轨了。如果没有上床，那就算心理出轨；如果上床了，就是生理出轨。**

打个比方，刚子如果喜欢前女友，并在心里暗暗幻想，这并不算出轨。但如果真的每天和前女友通电话，经常发微信，乃至于经常约会，这就属于心理出轨。而一旦上了床，就是心理和生理双出轨。

从这个定义出发，我们知道，其实根本没有必要去纠结男人对其他美女有没有好感，而只要确定他没有采取行动就好。

而想要找到一个不会出轨的男人，也不需要去找个多么正直正派的男人（之前说过，出轨对于正直的男人来说，也不算道德问题），而只需要去找个有贼心没贼胆、根本不敢行动的男人就好。

一个很大的难题就迅速变小了，甚至可以变得微不足道。

什么样的男人不会出轨呢？很简单，身边女人少的，恋爱经历少的，以及时间、机会少的。

什么样的男人身边女人少呢？我们打个比方。如果一个又帅又多金、会泡妞而且还喜欢去外面玩的男人身边大概有100个女孩，那么一个又帅又会玩的男人，身边大概会有50个女孩；一个只是帅但很宅的男人，身边会有20个女孩。

一个不帅但多金、会泡妞还喜欢玩的男人，身边会有50个女孩。如果很宅的话，他身边大概只有20个女孩。

一个不帅、没有钱、不会泡妞也很宅的男人，他能接触到并喜欢他的女孩，大概不会超过3个。

这就是安全度的区隔。差的男人当然也有人要，也会出轨，但他们相对安全一点。你可以根据自己的需求、自己的审美，来选择尽量安全的人。

而另一点就是，一个男人的恋爱经历其实很重要。虽然男人大部分都是喜新厌旧的，但在这个世界上，其实有七成的男人都是值得嫁的。七成女孩子所受到的伤害都来自于三成坏男人……也就是说，三成坏男人追到过七成女孩。从这个意义上来说，前女友越多的男人，是坏男人的可能性就越大。有很多前女友，又不肯承认的男生，百分之百是坏男人。

如果某个男人有过十段恋爱经历，那只能证明他非常会泡妞并且特别受欢迎。

而从我们的数据来看，一个男人有一两个前女友，是能接受的数据，也是很正常的数据。这样的男人婚后出轨的概率会小很多。

最后一点就是，老婆一定要对男人有适当的控制和管理，不要给男人彻夜不归啊，和女人单独出去玩啊之类的机会。

一言以蔽之，**什么样的男人不会出轨？1. 最多一个前女友，感情经历单纯。2. 不会捯饬自己。男人捯饬自己的唯一目的就是吸引异性。穿着普通的男人更安全。3. 正常工作、娱乐，不爱上网，不去夜店。夜店和网络是劈腿圣地，玩得越多越危险。基本上会赚钱不会享受，会买东西不会打扮，只被女人哄不会哄女人的都比较安全。**

男人的一生，就是场HOLD住的游戏，确实有从头到尾都HOLD住的人。但你要知道，一次HOLD不住，以后次次都HOLD不住，烂一次就等于烂一生啊。

第四章

怎么挑选好男人

一

选对适合你的人是爱情一切顺利的首要条件

张幽幽和刚子终于分手了，但这分手是被动的。女孩子的爱情，往往都会是这样，在自己还有主动权的时候总想把感情继续下去，用尽一切方法挽留。但她们不晓得，那时候男人已经在用尽一切方法分手。所以最后，都是实在撑不下去才被动分手。

经常有女孩子来问“究竟我做什么，才能让这个男人爱我”，我说姑娘啊，其实问题根本不出在你的身上，而是因为那个男人不爱你，是因为你选错了人。无论你做什么，都不可能改变这个事实。所以，不要再想着改变自己，下决心换个男人吧，选对人就一切顺利了。

所以在分手后，张幽幽来找我，希望能学到选择男人的技巧和方法。

其实张幽幽也交往过挺多男生的，大学里有过高大英俊的，还有就是像刚子这样有才华的。

但不晓得为什么，每次恋爱的结果都不太好，不是无疾而终，就是被劈腿。张幽幽逐渐明白，其实并不是她不够好，而是选错了男人。

和刚子分手之后，张幽幽的桃花运却突然旺了起来。这也真算是因祸得福，走了一个贱人，结果换来了一片森林。

可能是大家觉得张幽幽之前的恋爱太苦了，所以都拼命给她介绍。比较靠谱的有三四个。其中一个是艺术家，号称是油画大师，但其实还没什么知名度；其中一个呢，是饭店的店长，倒是很务实，但平日里很忙，几乎恋爱的时间都没有；还有一个呢，是自己开公司的人，因为忙于事业，所以都顾不上恋爱结婚。

张幽幽刚刚结束了苦恋，对于爱情还很忐忑，她不想自己又随便地投入一段感情，所以这次一定要先选清楚再开始。

怎么选呢？一个男人又是才华型的，一个男人是老实巴交型的，还有一个男人追求张幽幽追得很激烈，简直每天一束花，热情如火。

到底选谁呢？张幽幽把这个问题丢给我。

我并没有直接回答她，而是先问了一个问题："为什么你总是会选错人？"

是的，为什么女孩子总是会选错男人呢？搞懂这个问题，或许就能搞懂怎样才能选对人了。

二

爱情里一定会遇到的一百个问题之八：为什么你总是会选错人?

张幽幽的问题，也是许多女孩子共同的问题。很多人感到奇怪，为什么自己老是遇人不淑，每次爱上的都是贱人。

嗯，这当然是有原因的。原因就是你选男友的标准。

在中国，绝大部分女人选男友的标准都是三点：

她们不选有钱人，只选有才华的。

她们不选家世好的，只选有爱的。

她们不选事业有成的，只选有安全感的。

这个标准对吗？其实是对的。但让你老是遇人不淑的，也是这个标准。因为你虽然有标准，却不知道什么样的人才是符合标准的。

譬如第一条“有才华”，这当然是没问题的。有才华的人是潜力股，比富二代一定要好很多。

但什么才是有才华呢？像刚子这样的人，表面看起来很有才华，把女孩子迷得晕头转向的，但实际上一事无成。

我们其实经常会遇到这样的男人，表面看起来才华横溢，说起话来一套一套的，似乎只要给个机会，他就是乔布斯、比尔•盖茨。但事实上，过了30岁，这些人也照样一事无成、怀才不遇。

才华男好吗？

别相信才华横溢的男人。才华是男人的华服，看似豪华实质却空，嫁了有三大坏：第一，看上去美，里面却空，日子不会好过；第二，外秀吸引女人，招蜂引蝶；第三，他越老越富贵，你越老越色衰，苦日子你挨，好日子却轮到其他年轻女人享。

而且才华也分两种：一种叫表面才华，一种叫实际才华。

当一个男人看似有才华，却都是浮于表面的夸夸其谈，他虽然看上去很美，但实际上什么都没有做成过，甚至是穷得要命，连正经工作都没有——这种才华，叫做“表面才华”。

拥有表面才华的人，其实不过是绣花枕头一包草，他们空有想法，却没有实际操作的能力，有智商但缺乏情商，所以几乎都没有成功的可能性。十年、二十年后，他们还会是怀才不遇的潦倒状况。

真正的才华，是可以“落地”的，也就是说，他们的想法，都可以变成事实。就算这些成就在刚开始时并不算什么，甚至有些幼稚，但这些人，总是可以把一个个想法实现，一步步地往前走。

能够落地的才华，才是真正的才华。而这些人，才会变成马云，变成乔布斯，变成比尔•盖茨。

如果你真的要选择一个有才华的“潜力股”，那就选能落地的实际才华，而离那些专门用来泡女孩的表面才华远一点。

那时候张幽幽觉得刚子有才华，觉得他就欠缺一个机会，所以不停地帮他，不停地给他钱，就是被他的表面才华骗了。像刚子这样的人，是永远也不可能成功的，因为成功所需要的素质并不是才华，而是妥协、坚持和牺牲。过分的才华，反而是成功的阻碍。

第二点呢，女孩们不选择家世好的男人，只会选有爱的男人。这当然也对，可如果你把有爱的标准弄错了，那就是人财两空。

什么是有爱呢？对女孩来说，就是对她好。但什么是对她好呢？一般会认为是关心她的。

但问题是女孩能感觉到的关心，大部分都是甜言蜜语，是表面做做样子的。于是就变成，只要男人会甜言蜜语，会装作很关心，女孩就定义他们是爱她的。

然后呢，顺理成章的，既然爱了，那当然要爱到底啊。

但其实很多男人并不是真心爱你，只不过是想得到你而已，所以他们会用成本最低的甜言蜜语来表达，把你骗到手之后，反正也没有花多少代价，分手自然也不可惜。

就像是刚子在最开始时，又是赌咒发誓，又是声泪俱下，力证自己是爱张幽幽的。面对这样的攻势，有多少女孩能抵御呢？

但如果你多长个心眼，就会发现刚子玩的都是虚的，他所做的一切，都不过是嘴上说说的。他并没有为张幽幽买房子，就连重新租个房子都没有；他没有为张幽幽换工作，反而还拿了她很多钱；他也没有为张幽幽付出什么代价，其实不过是嘴唇上下一碰，然后骗来一个女人。

仔细想想，你的那些男友，究竟是不是嘴唇上下一碰就把你给骗到手了。你是昂贵的还是便宜的，在男人心里是有杆秤的。

第三点，很多女孩选择有安全感的男人，这当然很重要。婚姻的基础，其实就是安全感。但如果你搞错了什么是安全感，那就大大不妙了。

什么是安全感呢？外表彪悍的男人算不算有安全感？大男子主义的男人算不算有安全感？有钱男人算不算有安全感？

可如果外表彪悍的男人内心脆弱呢？如果大男子主义的男人只会对自己老婆凶而对外人懦弱呢？如果有钱男人除了钱之外什么都没有呢？这也能算有安全感吗？

很多女孩子都栽在安全感这里。就像张幽幽，她遇到刚子这样外表彪悍又有点大男子主义的摇滚青年，心想怎么都有安全感了。但事实上，那个男人并不会给张幽幽安全。

真正的安全感，是男人用事实让你完全放心，用行动让你根本不用去想什么危险，用生活让你忘却烦恼。

什么是安全感？就是一个愿意主动在房产证上加上你名字的男人……你不怕他惦记着离婚，他也不怕你贪图房产，这就是安全感。

我也经常说，与其听一个男人说甜言蜜语，还不如看他装修房子准备结婚来得更加安全。

真正的安全感，是需要男人付出代价，用他的人生来完成的，而不是围绕着他自己进行的。被爱是一种自私，而爱人是一种付出。

看着爱人对你不断地付出，这才是真正的安全感。

看到这里，你应该知道，自己曾经的选择出了什么问题。并不是你的标准出错，而是你的感觉出了错，是你看待标准的角度出了错。

关于爱情，我们在之后的章节里会详细说。接下来，就直接说如何选男人。

三

爱情里一定会遇到的一百个问题之九：怎么选一个好男人?

关于选男人，其实在《婚姻是女人一辈子的事》这本书里，就有过详细的解释。我把选择婚姻对象的标准，分成了爱情、性格、生活习惯、责任感、金钱五个类别，五样缺一不可。

但这只是说了选择男人的客观条件，也就是说，满足这五样的男人你可以嫁，而且嫁得不会差，但并不代表这样的男人就是好男人。

怎么选择好男人，我在上面一部分已经讲了一些：什么是真正的才华，什么是真正的爱你，什么才是真正的安全感。

我在这里还要讲几个选择男人的重点，让你规避将会遇到的问题。

（一）选择男人不是选择缺点，而是选优点。

有些女孩选男人，在刚开始时是极为苛刻的：长得没眼缘不行，声音不好听不行，走路姿势不好看不行，吃饭挑食不行，说话没品位不行。

我所听到的最夸张的一个案例，是一个女孩说，不看《南方周末》的不行，因为品位不够。

但如果女孩爱上了这些男人呢？不要说《南方周末》，就算天天看《花花公子》都忍了。这些女孩就是门槛设得极高，之后却忍耐度无限。

这当然是错的。虽然高门槛看起来会让你精挑细选，以后不会有风险，但实际上风险更大。

高门槛会让你把许多潜在的机会给浪费掉，很多女孩子从20岁开始就超高标准地选，选到30岁还一个都没入法眼。以这样的标准，必然永远都找不到对象，所以她开始着急了，就狂降标准，一阵乱选，最后选了个最差的。

另一方面，就算真的有个人符合了你的高标准，请问那种离谱的奇怪的标准，就一定适合你吗？吃饭不挑食、坐的姿势好不好看和你要不要爱他能有多大关系？不看《南方周末》就不能做老公了？人家还看英文报纸呢……

选男人并不是选他有多少条缺点，也不是选他有多少条优点，而是看他有哪一条优点是适合你的。

譬如你喜欢浪漫，他刚好会说情话。

你喜欢忠贞，他刚好不爱出去玩。

你喜欢花钱，他刚好能给你挣钱。

只要有一条优点能够满足你的主要需求，那么这就是个好男人，其他的缺点，只要不触犯到底线都不用计较。

（二）在低谷期选男人，在巅峰期管男人。

也经常会有女孩子跑来问我，男朋友今年二十多岁，月薪才××元，能不能嫁啊。这个月薪的数字其实不算低，我听到过的，有从三千元到一万元的，最高一个甚至有两万元。

但大家知道，现在就算月薪两万元，一个25岁左右的男孩子，也不太可能在城市里买得起房。

于是女孩就说，家里人说他穷啦，条件不好啦，没有房啦，所以能不能嫁，要不要分手。

女孩呀，当你想到要不要嫁这个问题时，你对这男人的爱其实还没有很强烈。

而我要告诉你们，去衡量一个男人的物质基础，要用发展的眼光来看。

我对女孩们说了很多次了，男人28岁左右是他的人生最低谷，无论事业、生活、爱情都不会特别如意。当然这里说的是普通男孩，富二代、官二代都不在此列。

所以，不要用他28岁时的收入、房产来判断他一生的事业。那时收入三千，未来可能是三万；那时收入一万，未来可能百万……你们的重点，请放在责任感和是否爱你之上。现在能养活你，以后会更好。怎么判断一个男人能否走出低谷期呢？其实很简单，你不需要关心他输了多少，也不需要关心他怎么输，你只要关心他低谷期的时间安排。如果他把所有的时间都拿去学习或者到处寻找新的机会，就一定可以成功；而反过来，如果时间都拿去玩，都拿去赌，那就完蛋了。

所以，当男人在低谷期时，你应该去选择一个未来必然能成功的。

而等到男人成功之后，到达了巅峰期，你则要开始管理男人。

如何管理，我们将在以后说到。

（三）好男人的好，是好在细节上。

女孩们往往有两种想法：一种就是从男人的细节里找对方的缺点，另一种则是想直接找到对方一个很大的优点。

但我们在案例中发现，绝大部分能与妻子白头偕老的男人，其实是很平凡的，他们必然是有很多缺点，而同时也不见得就有多么厉害的优点。

平凡就是一种平淡，让你找得到坏，却很难发现好。

遇到这样的男人，请去观察他的细节。没错，男人是一种不注重细节的动物，所以你观察细节，往往能发现他们很多由心而发的事情。

细节能看出一个人的缺点，而这不重要。重要的是，细节能发现一个人的优点。

在恋爱之前看人的优点，在恋爱之后看人的缺点，才是选男人的不二法门。

在细节上有优点的男人是这样的：

他们不会跟你争辩细碎的事情，他们会在被你骂了后还来哄你，他们会悄悄地在你钱包里塞钱，他们不懂浪漫可愿意陪你逛

上几小时街，他们喜欢孩子但把生不生的权利交给你。好男人往往不具备财富和外貌，但他们拥有更强大的东西，那就是宽容和微笑。

其实爱情很简单，在一段关系里，你付出的多而得到的少，那么这个男人是不爱你的；反过来，你付出的少而得到的多，那么这个男人必然是爱你的。

我们从细节处观察男人，就是看他的付出是不是已经超越了你对他的付出。

选择男人，当然是一件撞运气的事情。但这并不是抽奖，而是一个概率游戏。你在此花的工夫越多，未来出问题的可能性就越小。

但实际上，对很多女人来说，规则说得再透彻也没用。她们不是不知道怎么选，而是没有能力冷静地去选。

所以最后我只能劝你，你要么找一个能让你过上好日子的男人，要么找一个你心甘情愿为他吃苦的男人。

除此之外的，让他们有多远闪多远。你又不欠他的，你又不是没人要，不要看到男人一摆出弱者样你就母性泛滥。

宁可找一爸，也别去当人家的妈，这是最基本的择偶标准。

四

爱情里一定会遇到的一百个问题之十：在婚恋网站选男人靠谱吗?

张幽幽后来又找了我一次，这次她却问了个很现实的问题，那就是：在婚恋网站选男人靠谱吗?

原来张幽幽的母亲见女儿的婚事老是确定不下来，于是就着急了，不知道从哪里听说婚恋网站特别火，于是就偷偷用女儿的名字和照片注册了好几个。

张幽幽无奈接手后，发现的确有几个男人来联系。玩过婚恋网站的人都知道，你想要看信是要花钱的，于是看信包年啊，银卡用户啊，金卡用户啊，一笔一笔钱花下去，果然引来许多男人的追逐，邮件和电话都接了很多。

张幽幽有些吃不准，她不晓得这些网站上的男人，是不是真的可信和靠谱，所以来问我。

我一直在作婚恋情感心理的研究，对这类网站自然也有所了解，而且还有过不少合作，对其中的内幕也非常清楚。

首先我必须要告诉大家：在中国一切网站上的男人，至少有五成左右是来骗人上床的，其中有直接要玩一夜情的，也有“泡良族”。

这个和网站本身没有关系，只要是一个网站平台，就会有这些男人，因为这群人是寄生于网络，到处骗女人的。

所以你在婚恋网站上，尤其要注意甄选，千万不要因为急于嫁人而吃亏。说句实在话，你谈恋爱失身给男朋友不算什么，那是两情相悦。而如果失身给这些骗子，那真是亏大了。

而另外一点呢，我必须很严肃地告诉你们：一切婚恋网站，或许能带给你一个老公，但几乎不可能给你带来一段爱情。

我参加过不少婚恋网站举办的活动，在这些现场你会发现，不管组织方安排什么节目，都不会有人理会。男女双方一碰面，就是拿着自己的资料和对方交换，然后急急忙忙跟看好的目标交流。

在婚恋网站上注册而真正找对象的人，其实是很务实的，他们都已经到了知道自己要什么的年纪，所以他们并不会浪费任何时间，只会迅速去寻找另一半。

他们是来寻找老婆或者老公的，而不是来和人谈恋爱的。

所以，如果你想要一段婚姻，那么可以去婚恋网站好好地甄选，也许能够找到一个适合你的人。但如果你是想要谈一次恋爱，那就不需要去浪费时间了，爱情不属于一个想要迅速结婚的人，爱情是要慢慢谈、慢慢享受的。

第二部分
爱情是种心理学

生活所要的爱情呢，是两个人对彼此的付出，是两个人对生活和家庭所作的牺牲。当两个人不选择戏耍对方的情绪、戏耍对方的心，而把这个时间和智慧放到经营家庭、经营生活上，这种爱情，才是生活所需的爱情。

我经常说一句话：“很俗很俗的爱，通常会有很俗很俗的生活，而这种很俗很俗的生活，就叫作幸福。”

幸福，是一种不需要浪漫、不需要离奇、不需要悲伤的东西。

它只需要——你在我的身边。

第一章

硬来的爱情没有结果

一

异地恋到底靠不靠谱?

沈莲是一家时尚杂志社的编辑主任，她是北师大中文系毕业的女孩，大学毕业后，先进了一家生活类周报做编辑，很快又跳槽到了时尚类杂志。

众所周知，时尚圈是一个竞争非常激烈的行业。做时尚杂志编辑，需要你全身心投入，不仅仅要花时间，还要改变整个人的生活方式，彻底融进圈子。

沈莲做得很出色，虽然刚开始遇到许多困难，但全心全意地拼搏之后，终于在27岁时顺利当上了编辑主任，也算是有一点小小的成就。

虽然工作很好，但时尚杂志的女性编辑往往会有一个问题，就是找不到男朋友。原因有很多，一方面是她们平日里接触的东西和人太高端，所以难免对男朋友也有很高的标准；另一方面呢，实在是这个圈子里很少有正常男人。

所以沈莲虽然事业顺利，感情世界却不是很顺利。不过像沈莲这样的白领女强人有个好处，就是敢打敢冲，很清楚自己想要什么，所以有了机会绝对不会轻易放过。

后来她认识了个男人叫小胜。小胜是个石家庄男孩，比沈莲小一岁，在北京读大学，大学毕业后，就留在北京的外贸公司上班。

其实小胜的条件也就是普通北漂族，每个月的薪水只够付房租和日常开销，没什么存款，职务也很普通，虽然看起来人模人样的，其实都是空架子。

但沈莲感觉自己年纪蛮大了，好不容易找到个外表、内在都还行，性格上也合得来的男人，就干脆恋爱着呗。

两个人谈了有一年多的恋爱，小胜感觉到在北京自己的机会似乎不太多，就算熬上很多年，也很难买得起房子。而这个时候，石家庄的父母已经给小胜买好了婚房，希望他可以回家。

小胜琢磨了一下，这边外贸行业的薪水虽然还可以，但毕竟是替别人打工，而他的心中一直有个创业的愿望。与其给别人做事，还不如给自己做。

恰好那个时候，中国团购类网站刚刚起步，几家团购网正做得如火如荼，小胜就决定，自己也办一个团购网站。而这类公司，只需要扎根本地就可以了，北京竞争大，去石家庄做本地团购刚刚好。

几方面原因综合起来考虑，尤其是为自己的事业着想，小胜最后决心回石家庄创业，并且在那边定居。

这下问题就来了。

小胜可以洒脱地辞职回石家庄，可是沈莲怎么办呢？两个人的爱情怎么办呢？这一年多来，沈莲已经完全爱上了小胜，两人不仅同居，还开始谈婚论嫁。这下突然要走，感情又不可能说不要就不要的。

小胜的工作很一般，可以随时辞职，但沈莲却是好不容易才拼到现在的位置，上上下下一堆人看着呢，怎么可能走？石家庄那边，可没什么时尚杂志需要自己去工作。

两人商量后意见不一，小胜去意已决，最后只能互相妥协：小胜先回去，两人异地恋一段时间再说，等小胜那边事业发展得尚可了，沈莲再作决定。

大家注意了，在很多情况下，一些理智的人也会谈异地恋，并不是因为他们不晓得异地恋的坏处，而是因为这场恋爱本来是正常的，只是因为工作和职业或者家庭的原因，后来才变成了异地恋。

所以，爱情有时候很简单，只要去爱就可以；有时候却变得很难，因为变数太多。像沈莲这样聪明能干的人，平时也是朋友之间的恋爱达人，但真的自己碰到问题时，却依然难以抉择，或者说，拿得起放不下。

小胜回石家庄创业，沈莲依旧留在北京上班。刚开始时，两人还蛮有信心的，觉得毕竟有感情基础，而且两地不是很远，每个周末都能见，应该问题不大。而且还有高科技的“武器”——每天晚上的QQ视频，白天iPhone4的FaceTime，都能随时见到对方，和在一起区别也不大。

于是这个恋爱，不仅是异地恋，还成了一个网恋。

网恋是一件很好玩的事情，沈莲之前从来没有网恋过，但这一开始，却发觉它其实并不会比真实恋爱差，甚至还会更好一些。

为什么呢？你试想一下，男女两人恋爱一年多，天天住在一起，必然是腻了，偶尔聊天也说不出什么特别的话来。你要男人说句“我爱你”，简直比要他的命还难。

网恋却不一样，两人处于远方，纯粹看得到、听得到却“吃不到”，这时候，男人会显得比较急迫和放肆，什么话都能说，什么甜言蜜语都能爆出来。

所以沈莲和小胜两人在网络上，感情居然日益升温，逐渐找回了以往热恋时的感觉。沈莲还时常庆幸，这真是小别胜新婚，古人诚不我欺。

但网恋也有不好的地方，毕竟是分居，语言聊得再热络，也没有男人的体温来得实在。秋天供暖还没开，北京冷得要命，沈莲每次睡觉，床铺都是冷冰冰的，没有男人的拥抱，就没有实在的感觉。

而有一次，沈莲生病感冒了，半夜三更连药都没有，外面又下着雨，给小胜打电话，他也束手无策。远程恋爱就是这样，空头支票很多，但真的要做什么事情就没可能了。最后，沈莲只能打电话给同事，让同事给自己送药和照顾自己。

如果只是这样，那也就算了。时间长了之后，沈莲感觉小胜对自己没那么好了。可能是分开的时间太长，每天甜言蜜语说得有点懈怠，从刚开始天天守在QQ上，到后来两三天一次视频，然后再到基本上每天只是看到头像打个招呼。

都不用旁人提醒，沈莲也感觉到两人的感情，在随着距离和时间慢慢淡去。

可最大的危机，才刚刚冒出来。

有一次很偶然的机会，沈莲去看小胜的QQ空间，突然发现有个漂亮头像的女孩，留言是一句很暧昧的话。

沈莲心里一跳，还是故作冷静地去点那女孩的头像。这是个做平面模特的女孩，年纪大概不过二十出头，90后的孩子就爱在空间里发照片。沈莲一张张看下去，发现每张照片下都有自己男朋友的留言。

“宝贝真好看。”“亲爱的你最漂亮了。”“亲亲！”

这些本该只对沈莲说的话，都留在别的女孩的照片下，而署名正是小胜。

沈莲关掉浏览器时，已经泪流满面。

她彻夜无眠。

这事情，如果是普通女孩遇到，大概是两个结局：要么哭哭啼啼找闺密想主意，而最终还是默默地忍了；要么就立刻翻脸分手，把那该死的男人彻底踹出几万里去。

但沈莲毕竟是时尚圈混出来的人物，自然没有那么软弱，但同时，因为爱情也不可能那么刚硬。

所以她第二天请了假，直接跑到石家庄和小胜摊牌，让他自己好好想想究竟要选谁。

小胜对这事情倒是供认不讳（其实也没什么可抵赖的）。但他又说，和那女孩不过是网络上暧昧一下，现实中还没有见过，所以谈不上出轨，最多只是精神出轨。他可以立刻和那女孩分手，并且和沈莲定下结婚的两年之约，但前提是，沈莲必须辞职来石家庄和他一起创业。

最后问题又绕回来了，明明是小胜出轨在前，可皮球却踢回到沈莲的脚下。

如果没有网上暧昧的事情，沈莲可能不太会考虑辞职去石家庄的事情，毕竟她花了这么多时间读书、工作是为了留在北京，而不是去石家庄。但现在事情摆明了，小胜要她选择是要爱情还是要事业。

异地恋的路子似乎不太靠谱，所以只能想办法两个人在一起了。

沈莲回去后，几天几夜都没有睡好，内心一直在徘徊。从理智的角度来想，从事业的角度来想，从朋友的角度来想，从未来的角度来想，她都应该留在北京。

可惜女人往往会从感情的角度去想，而这又恰恰是一票否决。

于是，沈莲答应了小胜的非分要求，真的从单位辞职，短短一个月时间，就匆忙告别北京，跑到石家庄去和小胜同居创业。

小胜的婚房没有装修，暂时租出去了，所以沈莲得和小胜住在他父母家。准公婆刚开始倒是还蛮客气，对沈莲关怀得无微不至，让她受宠若惊，直叹嫁入这种人家夫复何求。

但事情总是会被时间改变。

小胜的事业并没有起色，刚开始投入的钱很快就被花光。沈莲来了之后，也投入了自己的积蓄，并且动用积攒多年的关系来帮他。

可是，网络界的创业绝对不是那么简单的，往往需要大量的投资或者很强的人脉，而且先行者的蓝海优势太过明显。

小胜只不过是拿别人的模式来运营而已，没有先行优势。而且他也没有投资和人脉，充其量不过是在本城还能勉强运营，也没有什么钱赚。等半年一过，几家大的团购网开始把触角伸向二、三线城市，小胜的网站就彻底运营不下去了。

事业失败后，小胜就成了家里吃闲饭的，而且这闲饭吃得甚为霸道：因为公司倒闭了，所以心情不好；因为心情不好，所以家里人都让着他。父母看见小胜都小心翼翼的，生怕哪里刺激到儿子了。

对小胜是战战兢兢，对沈莲就没那么好了。之前因为是两口子一起创业，所以沈莲没有工作，老人家也没说什么，可现在两个人都闲在家里，老人家就有意见了。尤其是小胜的母亲，总是暗暗讽刺沈莲是个吃白饭的，跑到他们家就是来占便宜的。

沈莲是多要强的人，几次被讽刺就坐不住了，她答应先出去找工作养家，哪怕是养小胜也可以。

这话才说出口，小胜的父母第二天就给沈莲找了个工作。是什么呢？是去一个学校里当临时代课老师，每个月薪水八百块。

用小胜父母的话说，像沈莲这样的女人，每个月能赚八百块已经是他们二老花了很多面子争取回来的，一定得去做。

沈莲差点没被气死。她在北京的月薪八千，年底还有奖金，一年下来十多万的年薪，可跑到这边居然要打八百块一个月的工？

为了这件事情，双方大吵起来，最后彻底撕破了脸。以小胜他妈的意思，她儿子是全世界最好的男人，所以沈莲巴巴儿地跑过来倒贴，而这种倒贴的女人，又只会在家吃干饭，当然是最不值钱的，一个月给八百块钱也是多了。

沈莲愤怒到极致，连连问小胜是什么意思。没想到小胜支支吾吾半天，居然蹦出一句："你还是去吧。"

沈莲彻底爆发了。她喝问小胜，是谁当初在北京养着他，是谁抛弃了工作来这里帮他，是谁花光了十多万来支持他，是谁到处托关系来撑他。现在居然被说成是吃干饭的，说是倒贴的，要她去做八百块一个月的临时工。

沈莲的愤怒是难以遏制的，她完全丢掉了冷静和理智，咆哮着说出了心里全部的委屈，接着冲出家门。

在冰凉的夜色里，沈莲的心也是越来越凉，到最后，从身体到心都仿佛被冻僵了。然而冷透了的身心也让她冷静下来，突然之间，沈莲发觉这段时间，自己是多么愚蠢和不切实际。

她到底做了什么啊。从前她是一个时尚界的达人，是杂志社的高级白领，是可以随时坐着商务舱去法国看一场时尚秀的人。可究竟是什么原因，让她放弃了这一切，离开了北京，去替一个男人做一些不切实际的事情，最后还被人当做垃圾一样丢掉。

这到底是为什么？

沈莲回北京后，通过朋友的介绍，来找我咨询。她就想问问，自己身上发生的一切，为什么会这样。

沈莲的第一个问题是：为什么她和小胜之间原本稳定的恋爱，变成异地恋之后，就突然不靠谱了，究竟异地恋能不能成功？

二

爱情里一定会遇到的一百个问题之十一：异地恋能不能成功？

沈莲在冷静下来之后，还是很理智的，而且逻辑非常清晰。这一点，从她问的问题上就能看出来。

女孩非常擅长做一件事情，就是把许多相关甚至不相关的问题纠结起来，组合起来，最后变成一团乱麻，然后丢给别人，问怎么办。

譬如沈莲遇到的问题，很多女孩子都会问：为什么男人会忘恩负义，为什么公婆会说出这种话，为什么自己拿出这么多钱没有回报，为什么我会离开北京，为什么会有小三，为什么他当初说的话都不算数了，等等。

这么多问题缠绕在一起，你丢给谁都很难解开。所以女孩的问题，靠她自个儿是无法解决的。

其实问题再多，也只有一个根源。而对于沈莲来说，她的根源其实是出在异地恋上。

为什么呢？因为沈莲和小胜原本是在谈一场很正常的恋爱，如果没有意外的话，两个人会在北京租房结婚，等到凑够了钱，买一套房子，然后生孩子，过完一生。

这其中，就算是小胜和别人暧昧出轨，沈莲也会选择分手，而不会有太多纠结。

但实际情况是，在小胜暧昧出轨后，反而刺激了沈莲辞职和奔赴他乡，这不是爱情作祟，而是异地恋带来的后遗症。

也就是说，异地恋的特殊性，让沈莲作出了她性格以外的判断和决定。

这就带来了沈莲问我的那个问题——异地恋究竟能不能成功？

（一）异地恋是硬来的爱情，成功率非常低。

异地恋现在很多见，自然是有失败也有成功的，但从我们长期的数据统计来看，异地恋的成功率是非常低的。而且随着恋爱时间的增长，异地恋的成功率低到一个几乎可以说必然会失败的程度。

也就是说，短时间的异地恋还有成功的可能性，超过几年的异地恋几乎百分之百会失败。

为什么呢？

原因很简单，因为异地恋是一种硬来的爱情，它不是顺理成章的爱情。换句话说，先天不足，根基有问题。

爱情的核心是什么？

是门当户对吗？不是。

是外貌？也不是。

是性？更加不是。

其实，爱情最重要的核心，应该是相处。因为从心理学的角度来说，相处是打破两个人内心壁垒和外在隐私区域的最好方式。原本不是很熟悉的两个人相处久了，往往会变得亲密，随后他们之间原本看不顺眼的缺陷也变成了妙处，不舒服的地方都一点点地契合，更夸张的是，相处时间长了，连外貌都会变得相似。

可以这么说，爱情就是因为相处而来的。所谓一见钟情，其实不过是对外貌和感觉的吸引而已，吸引到身边，要通过继续相处来产生真爱。

既然爱情的核心是相处，那么相处的核心是什么呢？这个答案很明显，是距离。

在心理学上，有个人私密区域的概念，每个人的身体周围，有差不多一平方米的区域，属于你的私密区域，如果有陌生人侵犯进来，会让你感觉不舒服。

所以对我们来说，陌生人贴着坐、拥抱、拉手，都会很不自然、不舒服。而所谓爱人的相处，就是破坏掉这个区域的私密性，将两个私密区域融合成一个。

这一点非常神奇。许多人都以为，谈恋爱时，说说情话、甜言蜜语，就可以让一个人爱上你。

如果你真的是纯网恋的话，虽然甜言蜜语听得多了，你以为自己爱上了对方，但等到真的见了面，他试图拉你手的时候，你还是会躲开。

因为你们从来没有真正相处过，你们的私密空间还是各自独立的，并没有融合。这一点就显示出，在一起相处有多重要。

而就另一点来说，感情的维系，要依靠生活里的很多细节，很多点点滴滴。譬如说沈莲病了，就需要有人送药端水，需要有人来照顾。这种生活的细节，就一定要有人在身边，没有在身边的话，对感情就会有影响。

有些人觉得，异地恋可以通过网上聊天、视频等方式来增加感情。在一开始的时候，你们或许还有新鲜感，很爱听对方的甜言蜜语，但时间一长，你就会对此厌倦。因为所有的承诺都是虚幻的，所有的甜蜜都是泡影。那些话说了一次又一次，表情看了一次又一次，最后对你来说，还剩下什么呢？

对女人而言，可能最重要的还是一个温暖的拥抱、无微不至的呵护和切切实实的有温度的身体。但是在异地恋里，这些都没有。

距离对于爱情来说，是很微妙的。就像是一根细细的丝线，两端牵扯着两颗心，这边颤一下，那边就会有感应；那边抽动一下，这边就会有余震。所以两个相距甚远的爱人，所有的爱情都搭载在这根丝线上，敏感、唯美又脆弱。如果丝线的某一端断开了，另一端握着轻飘飘的线头，这种怅惘是难以言说的。

所谓异地恋，其实就是一场拔河比赛，看丝线的两头，谁能把谁给拉过去。如果一不小心把线拉断了，那只能一拍两散……可这线得有多脆弱啊，所以漫天都是断了线的风筝。

（二）异地恋会让你作出错误的判断。

如果异地恋只是会让爱情破裂的话，可能危害性还没有那么大，因为爱情这种东西，总是有分有合的。

但悲剧的是，异地恋这种特殊的爱情形式，对于女孩的心理影响非常大，甚至会让她们作出错误的判断。

在《婚姻是女人一辈子的事》这本书里，我就提到过，**男人是理性的动物，他们在感情世界里也是理性的，最多只是短暂地冲动，随后的任何决定，都会用理性来判断。所以对男人而言，他们通常会在事业和爱情中选择事业，在自己和爱人中选择自己。**

而女人是感性的动物，她们往往会被感情冲昏头脑，在感情世界中，判断的标准并不是利益，也不是事业，更加不是实际生活，而是自己的情绪如何。所以对女人而言，一个错误情绪的产生，往往会让她产生错误的判断。

而异地恋，恰恰是错误情绪产生的源泉。

对于正常恋爱来说，男人是你拥有的一个东西，如果他出轨了、与别人暧昧了，你会觉得受到了他的伤害，这个东西被玷污了，所以对很多女孩来说，尤其是对理智的女孩来说，她们会选择丢掉这个东西，和男人分手。

但对异地恋来说，因为距离的原因，男人只是在名义上归你所有，但在心理意义上，你只是渴望得到而没有真正得到他（因为碰不到）。所以当这个男人出轨、与别人暧昧之后，你的第一反应并不是“我的东西被玷污了，应该扔掉”，反而是“为什么他不可以是我的，我应该把他抢过来”。

譬如说，沈莲看到小胜和模特女孩暧昧，如果是两个人在北京同居，沈莲一定是第一时间就和小胜分手，因为“你是我男朋友，凭什么出轨啊”。

但在异地恋的情况下，沈莲却非常纠结，她想的是，“我如何才能把小胜抢过来”。

没错，如果把小胜当做一百块钱的话，同城时他是你口袋里的钱，而异地时他是老板口袋里的钱，这是两种完全不同的心理状态。

正因为异地恋，所以小胜的出轨反而让沈莲产生了强烈的“不甘心”和“争夺”的情绪，最后为了能够维系这段感情，沈莲才会作出放弃工作、放弃北京、去石家庄陪着小胜的抉择。

从表面上来看，这个抉择是为了爱情，但实际上，沈莲作出这个抉择，不过是为了结束异地恋。而为什么要结束异地恋呢？因为有人来抢了。

一个错误的情绪，导致了错误的判断，最后让沈莲作出错误的决定。

我们抽身出来看，如果没有异地恋的话，沈莲会不会放弃八千块钱一个月的工作，放弃北京这个大城市，放弃多少年拼下来的事业基础，而跑去石家庄跟一个男人奋斗一份几乎必然会失败的事业？

当然不会，而这种不会，才是理智的考量，才是真正应该做的决定。

但是异地恋带来的情绪化，让原本理智的沈莲都犯了巨大的错误。

对于其他还不够理智的女孩来说，你们会犯什么错误呢？

（三）异地恋怎样才能成功?

那么是不是异地恋就完全不可能成功呢？这当然也没那么绝对。

即使一件事情有30%的可能性，也依然是可能的，只不过概率比较小而已。

我这么说，是冒风险的，因为我知道，女孩们沉迷在感情里时，总是不论概率大小，即使是有千分之一的机会，也愿意豁出一切尝试。所以，我经常会把话说死，不希望留给人什么可能性。

但现实情况是，异地恋越来越多，而失败的案例也越来越多，所以我想把那30%的可能性整理出来，告诉你们，怎样的异地恋可以成功。

网恋和异地恋是硬来的恋爱，必须有一方付出代价。男人是重实利不重感恩的，女人是重感恩不重实利的，所以生活中，都是男方以家人能帮忙搞事业等借口骗女孩过去，一旦你过去后，所有事情都变了，他不会感恩。可反过来呢，如果男人牺牲了自己，女方却会感恩一辈子。

网恋和异地恋怎么才能成功？女方抛弃一切远赴外地的恋情，超过一半都会分手；而男方抛弃一切跑到女方的城市，最后才有好结果。因为男人的爱是用生活成本表示的，你跑过去，他什么都没做，一点成本都没，可见他不爱你；他抛弃一切来找你，成本超高，自然是爱你爱疯了。对异地恋而言，谁买房其实不重要，重要的是谁愿意放弃自己过去几十年的生活根基，这是一个人最大的成本，如果男人愿意放弃这个，那么当然值得嫁。如果要女人这么付出，那么你必须要知道，并不是付出就有回报，你把一切都给了别人，别人为何还要爱你呢？

沈莲就是这样。她觉得自己放弃了事业，放弃了朋友，放弃了一切，去帮男人创业，甚至拿出了自己所有的积蓄。

但她却忘记了，男人是一种不会感恩的动物，而他的父母更加只是围着儿子打转，到最后，根本不会有人感谢你。

你放弃了一切，就没有了利用价值，最后被抛弃是顺理成章的。

但如果反过来，小胜抛弃一切来找沈莲的话，男人因为一无所有而成为被动的一方，而女人却因为感恩而深爱对方，这种异地恋的结局，才可能是成功的。

最后还有一点要提醒大家：异地恋想要成功，就必须有时间限制。最开始的时候我就说过，异地恋这种方式，是随着时间拖长而成功率大幅度降低的。一般来说，分居两地的人，半年内会住到了一起，成功率就会较高；而超过一年都没办法实实在在住到一起，那成功率会低到很惨的程度。

经常有人问我跨国异地恋要两年三年怎么办。这就是一个抽奖的概率，走到最后的机会是微乎其微的，先想想该如何疗伤吧。

三

爱情里一定会遇到的一百个问题之十二：网恋究竟好不好?

在沈莲的故事里，其实有个小插曲很值得注意，那就是她男朋友小胜在网络上和一个90后美眉暧昧，甚至有出轨的迹象。

这其实是一个非常标准的网恋桥段。

因为沈莲那时候和男朋友的全部联系，就是通过网络聊天，通过网络视频，这就是网恋的标配。而与此同时，男朋友还和别的美女也保持着网络暧昧，这同样是网恋的寄生品。

经常有人跑来问我，网恋究竟好不好。

我给大家一个非常果断的结论：在这个时代，网恋是为了骗人上床的概率高达90%。

也就是说，在纯粹的网恋中，只有一成有可能是真爱，其他基本上都是骗人上床。

我说这句话，可能有人不同意。经常有女孩跑来说，那谁谁和我虽然是网恋，但我们是真爱。如果要上床的话，他随便找一个就可以了，为什么要和我谈恋爱呢?

谁告诉你男人随便就能找到女人上床的?这世界上，让女人上床的方法通常只有四种：潜规则、嫖妓、买醉、谈恋爱……当一个男人没有权势、不想花钱又不太去夜店混的时候，就只能假装恋爱来骗人上床了。

有权力的人，自然用潜规则泡妞；有钱的人就花钱买春；愿意出去玩的人，自然去夜店找一夜情。而那些宅男，那些只会上网不会做别的事情的人，那些玩文艺和玩文字的人，以上三样东西都没有，所以就只有一条出路，那就是——上网泡妞。

对男人而言，上网泡妞有以下几个好处：

（一）不用相貌吸引人，只用文字“才华”吸引人。

在现实中，男女相见或者相亲，女方的第一要求，即使不是外貌，那也是要感觉合适。而所谓感觉，和外貌亦有非常大的关系。

所以许多宅男，在外貌这一关就很难取得优势，他们没有办法在现实生活里实现目标，就将目光放在网上。

这一步，绝对走对了。**因为现在的宅女越来越多，大家上网比上街多，所以网络上能找到的姑娘数量，一定比在街上能找到的更多。**

而在网络上想要追到一个女孩子，基本上就不需要外貌了，要的只是三样东西：文字才华、殷勤关心、打字速度。

没错，这玩意儿已经和网络游戏差不多了。我在第一部分里就详细讲过什么是男人的才华，真正的才华是要落地变成现实的。

而这些网上感情骗子，他们就会打几行华丽缠绵的文字，就会吟几首酸诗，就会装作见多识广，根本没有真正的才华，却可以通过文字的变化，来让你觉得他们才华横溢。

所以首先这些人的特色就是很会写，其次他们又非常关心人，嘘寒问暖、无微不至。

因为女孩在恋爱中，最需要的是关怀，最需要的爱就是关切，而网络感情骗子就抓住这一点，在远程就能够表示各种关心：关心你有没有吃饭啊，关心你身体好不好啊，冷了穿衣、热了开空调啊，生病了要多喝水啊……诸如此类的。其中的特色是光动嘴不动手，只是说说而已，说起来非常动情，但要他飞来照顾你，就立刻㞞了。

然后呢，就是靠打字速度快。每天聊天，百度各种资料来让自己显得很有见识的样子。

总而言之，这群人是用文字来吸引人的，所有的才华，都和打字有关，你不上QQ，他们基本上就没有任何机会。

（二）可以肆无忌惮地找美女，而不会有圈子、等级之分。

上网泡妞的第二大优势，那就是可以无视等级差别来找到任何类型的美女。

在现实里，一个普通的宅男，几乎没有办法认识美女。像小胜这样的男人，也没有办法和模特相熟。

但是到网络上就不同了。网上，美女基本上都会晒照片出来，以至于大家都能发现美女。而和美女搭讪的技巧更加多样化，渠道也更多。

微博评论和私信，QQ空间评论，人人网，等等，这些渠道里，美女如云，到处都有网上“泡良族”肆无忌惮地玩着游戏。

而且在这个时候，只要是搭讪成功，往往都不会有等级、圈子之分。因为对绝大部分女人来说，爱情都是第一位的，并且她们会觉得爱情应该跨阶层，所以只要有爱，就不在乎其他。

但问题就出在，她们认为的爱，恰恰只是文字上的关心，文字上的甜言蜜语，这就落入了网络“泡良族”的圈套。

对男人而言，这就是一个最好的泡妞方式，素质好数量多，而且不用花费工夫。

（三）可以同时和几个人谈恋爱，减少时间成本。

网上泡妞，对男人最大的好处，也是对女人最大的凶险之处，在于它没有办法控制对方的行为。也就是说，你永远也不知道，男人只是对你一个人好，还是在同时对几个女人好。

千万不要以为这是危言耸听。在我们的长期观察中，绝大部分网恋的男性，都同时和几个女孩保持着暧昧的关系。

为什么呢？因为网恋这种形式，对于男人是最节省时间成本的，对于讲求效率和实际收益的男人来说，是最好的模式。

在现实中，如果男人要谈恋爱，就得把时间都放在这个女人的身上，约会的时候只可能约一个人，也只能和一个人生活。

但网络上就不一样了，同样的话，可以同时对几个女孩说，达到的效果基本上是一样的。

技术流的网络“泡良族”已经可以做到：在某个特定时刻说某句话，最后每个女孩的回复几乎都是一样的，而受感动的程度也是差不多的。

为什么我们推崇现实生活里的恋爱？除了这是一种正常的爱情方式之外，就是要规避网上的骗子。

女孩谈恋爱，总是一对一的，因为她们很难同时爱上几个人，就算是爱上了，也会纠结不安。

但男人不同，只要条件允许，他们可以同时追求很多个女孩子，只是以上床为最终目的。

你明白了这一点，就会知道网恋有多危险。

四

爱情里一定会遇到的一百个问题之十三：如何识别网上“泡良族”？

经常有女孩子在微博上私信我，投诉自己遭遇的网上的上床骗子，亦即是我们经常说的“泡良族”。

这些网上的“泡良族”通常会在网上搜寻目标，然后利用网络勾搭美女，两者相识后，会利用QQ和MSN日常交流，以恋爱、结婚等借口把女孩子的心骗到手，然后两个人见面上床，随后男人迅速消失。

整个过程干净利落，男方不会随意消耗成本，甚至于连两人见面，也是要女方自己买飞机票，自己飞过去，千里送上床。

用恋爱的方式来欺骗女孩子上床，这就是“泡良族”的基本特征。而有了网络之后，“泡良族”有了更好更便捷的平台，可以准确无误地锁定美女，一拖多，成功率更高。

我不想让女孩子再受害，所以总结了网上“泡良族”的以下特征，请大家切切留意，不要随便相信这些人。

网上“泡良族”特征一：

他们出没在网上，通常只勾搭三类人——V号、V脸、V领。所谓的V号就是新浪微博V认证的模特、演员、歌手等这些以美女著称的职业。这些人是从前“泡良族”从来遇不到的，而现在却可以平等地勾搭到。

V脸，就是网上头像是大美女，或者网上内容中有大量漂亮的自拍图片的账号。

V领，就是女孩子在网上留下的照片穿着暴露，大开V领，露出“事业线”，这类女孩也容易成为“泡良族”追逐的对象。

网上“泡良族”特征二：

先在评论区留言勾搭，然后频繁私信，最后以要到你的QQ或MSN等联系方式为目标。

网络对于“泡良族”而言，最大的作用是选择美女。而选好目标后，“泡良族”会不断在你的评论区里留言，尤其对好看的自拍照留言。如果你回复了他，他就会和你不断交流，夸赞你漂亮，等到两人熟悉到可以私信交流时，他会跟你要QQ或MSN等联系方法。

网上“泡良族”特征三：

一周内必然聊到性。

当“泡良族”加了你的QQ后，就算是进入他们的主场时间了。我经常说，只要给他一个死缠烂打的机会，就算乞丐也能追到章子怡。所以当他加了你的QQ，并且可以经常和你联系时，你就算已经沦陷一半了。

而这时候，我们可以发现“泡良族”有一个最大的特征，那就是：无论他说什么，无论你们如何切换话题，在一周内，甚至于三天内，他必然会把话题扯到“性”上。

因为“泡良族”的最终目的是和你上床，而他必须争分夺秒地把这事搞定，想要搞定的唯一途径，就是和你把话题说开。

聊到性，代表两个人的关系进入新阶段，离上床只有一步之遥了。

网上“泡良族”特征四：

为了上床，什么都敢答应你。

“泡良族”最危险的一点，就是他会令你觉得你是在谈恋爱，而不是被人骗。为了上床，他们什么都敢答应，最常见的，就是说会跟你恋爱啦，会跟你结婚啦，以后生一堆小孩啦，要带你出国啦，甚至是要放弃工作跑到你的城市来看你啦。

但要注意，这些承诺，其实都是口头上的。如果你让他们干一点实际的事情，譬如让他们买个一万块钱的包给你，他们就傻眼了。

如果愿意花一万块在女人身上，他们就不会费这个工夫来骗你上床。只敢口头承诺，什么都敢答应，但就是没有实际行动，不会花实际成本，这也是“泡良族”最重要的标志之一。

网上“泡良族”特征五：

一个月内见面并且上床。

“泡良族”的最终目标，就是和你上床。有人可能会问，和女人上床就这么有意思吗？我可以告诉你，对于“泡良族”而言，非常有意思。因为他们可以换不同女人、换不同行业、换不同外貌，这种征服欲是很奇特的。

当和你聊完“性”，两个人确立恋爱关系后，他就会要求见面。当然理由是见了面可以更好地谈恋爱之类的，但实际上，见面就等于上床，这是唯一目的。

有个很好玩的统计数据：七成“泡良族”约上床是要求女方飞过来，主动送上床的；只有三成会自己过去。这是因为“泡良族”一般很忙，同时追好多女人，如果每个都要他飞过去，成本吃不消，而只有女孩自己送上门，才可以摊薄成本，简单受惠。

网上“泡良族”特征六：

上完床后，迅速消失。

如果两个人上床是在恋爱一年两年之后，那就是真正谈恋爱，对方不是“泡良族”。而遇到骗上床的情况，往往是和女方上完床之后，男方回去就把女孩的QQ拉黑，网上关注解除，整个人好像消失了一样。当你以为这个男人出了什么事情时，其实他早已换了一副嘴脸，甚至换了一个身份，又去泡别的女孩了。

这时候，你才晓得自己上当了。而这种当，往往是最痛的。

因为你以为自己恋爱了，你以为找到好男人了，你以为对方会遵守承诺，你以为送上床是一种体贴，你贴钱、贴时间、贴身体。

但到头来，对方什么都没有付出，却得到了你的一切。

留神！不要随便和陌生人说话。

第二章

没有光明正大，就没有爱情

一

如何把暧昧变为恋爱？

沈莲和小胜分手之后，带着满身的伤痛回到了北京。原来的杂志社自然是回不去了，她也没脸面再去见以前的同事，而存款也花得差不多了。沈莲甚至都不太敢跟朋友倾诉苦恼，就怕被人笑话。

这次的伤痕，对于沈莲这么坚强的女孩来说，也是刻骨铭心的。说实话，在夜深人静的时候，她也几次想过要自杀，幸亏尚存一点点理智。

没有了工作，也不敢见朋友，沈莲待在家里面过了一段非常颓废的生活。以前她在时尚圈内工作，每天必然化妆，而且对服饰非常讲究。可一个人窝在家里的时候，那些品位都抛到九霄云外去了。

而又因为是一个人，所以也懒得开伙，每天就吃点泡面、肯德基之类的速食。要么就干脆开一袋薯片，用零食对付一整天。

那段时间，沈莲倒是把美剧给看了个遍，口语什么的也好了许多，但除此之外，似乎一点收获都没有。

也不能说完全没收获，她最大的收获，就是得到了十多斤的肥肉。一个人在家里，也不运动，也不出门，吃的又都是垃圾食品，才两个月时间，沈莲就像吹气一样地胖了起来，竟然重了十多斤。如果不是从前偏瘦，她大概就已经成为胖妞了。

虽然还不是特别胖，但朋友们看到了，都说沈莲应该减肥，否则再混时尚圈就不太好看了。

沈莲自己也明白，她工作和生活的那个圈子，是非常非常注重外表的。从前因为长得好看、精致又有品位，所以给工作加了许多分，但现在胖了那么多，显然会有扣分效果。更何况沈莲急需恋爱和新男友，外表变丑也会有影响。

这么多的负面因素，沈莲心中有数，但就是停不下自己颓废的生活。最后，这种生活的终止，完全来自于一次意外收获。

有个蛮熟的朋友，知道沈莲已经回到北京，而且赋闲在家，所以想拉她出来做点事。而刚好有一个经济界的论坛会议需要主持人，那个朋友就拜托沈莲过来客串一下。

虽说是时尚编辑出身，但沈莲也客串过很多次主持人。这次朋友相托，她也不好推，所以就勉强答应了。

好不容易穿上以前嫌大的礼服，沈莲在商业会议上的主持倒是蛮成功的。但最大的意外是，有一个来参加会议的中年男子，似乎对沈莲非常有意思，发言的时候，几次都提到了沈莲，在会议之后，还专程跑过来跟她要电话号码。

什么是治疗失恋的最佳良药？当然是追求者。有了大量的追求者，才能将一个女人从失恋的阴霾里拉出来，而追求者的质量越高，素质越好，女人的心情则会转变得越好。

沈莲从朋友那里打听到，这男人叫倪大海，是江苏那边一个台资集团的副总裁，其实年纪还不大，今年不过35岁左右，但事业非常出色，身家也是难以估量。这次经济界会议，是专门请他来作演讲的。

晚上的酒会，倪大海专门挑了沈莲旁边的位子坐，对沈莲可以说无微不至，绅士到了极点。

旁边的人都起哄，说倪大海终于春心动了，桃花大开。沈莲半是尴尬，半是心跳，最后只能早早退席。

没想到倪大海也一起出来，还专门送沈莲回了家。这一次之后，倪大海几乎每天都和沈莲短信联系，电话问候，还专门跑到北京两次。

在外人看来，倪大海是特别优秀的人，相比起来，沈莲反而有些失色。而倪大海对沈莲的追求，简直就是疯狂的。

但有些事情，只有沈莲自己心里清楚。虽然倪大海表面看起来追求得很起劲，但沈莲老是分不清，这是真的恋爱，还是在暧昧。

倪大海对沈莲确实很好，又关心又送东西，但从来没有正式表白过。每次沈莲想要倪大海把表白的话说出来，对方都是含糊而过。

当然，在倪大海的嘴里，沈莲简直是这世界上最好的女人了，可真要让他带沈莲去参加各种活动，公开介绍给自己的商业伙伴，倪大海却又含糊应付。

好几次都是倪大海跑到北京来看沈莲，或者是出差时顺便来找她。可是有几次，沈莲提出想去江苏转转，顺便到倪大海家里坐坐，而倪大海对这一类话都是充耳不闻，只当没听到。

沈莲多少有些郁闷。她对倪大海倒是有一些意思，如果真的谈恋爱，那大家就把话说清楚，该怎么谈，异地的问题怎么解决，什么时候结婚，家里情况怎么样，等等。

现在不上不下又算是怎么回事？难不成还要沈莲主动提出来吗？

沈莲这边纠结得要死，可倪大海却还是不紧不慢地追求着。眼看只需要一句话就能追到，却又缩了回去。

这就好像男女在一起，男人老是说要亲一下，要亲一下，等女人真的凑过去让他亲了，那男的却又扭头不要了。

暧昧猛于虎，也严重影响到女人的情绪。沈莲好几次都气到难以自已，发誓不再理倪大海了，删掉一切联络方式，再也不和他说话。

但这种决心，一般都坚持不了三天，她就又被倪大海的讨好打趣给弄得又好气又好笑。

沈莲感觉到，自己这次真的是被对方给吃定了，而且还是毫无还手能力的那种。沈莲也看出来，其实倪大海每次来北京，都是抱着和她上床的目的来的，沈莲现在能做的，就是在关系正式确立之前，完全阻止上床这件事情。

虽然理智是这么想的，可事实上能否做到就不一定了。

两个人虽然还是一种暧昧的状态，根本没有确定恋爱的关系，但身体接触明显一次比一次多：从刚开始彬彬有礼，到后来拉手挽腰，再到亲吻额头，现在倪大海已经开始肆无忌惮地亲吻和抚摸沈莲了。

在这种情况下，沈莲深刻感觉到，自己的底线已经守不了多久了。按说这也没什么，但是暧昧而不确定的关系，让她很没有安全感，十分不舒服。

于是沈莲偷偷找我，想学习如何把一段暧昧的关系变成恋爱。那次我正好在作全国巡回讲座，没有时间和她深聊，只是稍微点了几句，讲了几个花招。

沈莲顿时如醍醐灌顶，回去就付诸实施。其实沈莲需要做的事情并不多，只是经常和朋友出去玩一下，然后把这些玩的照片贴到微博里，发到QQ空间上。

然后时不时地收一下别的男生的花，制造出一个有大把的人在追求她的样子。

这些事情是沈莲原来不愿意做的。她总是觉得两个人在一起就要一心一意，别人的追求、那些狂蜂浪蝶都应该甩得远远的。

但在真实生活中，一个女人恰恰应该有更多的狂蜂浪蝶追求，因为追求你的人越多，你就会变得越有信心，而不会过于纠缠某个男人。

沈莲的行动没有持续多久，就产生了预料之中的效果。倪大海发现沈莲身边有这么多追求者，而且好像行动都挺顺利的，顿时就抓狂了，不仅在微信上和沈莲吵了一架，还专门飞了过来，买了花和礼物，把沈莲堵在家门口。

这下子，倪大海就真的表白了，而且是惊天动地、声泪俱下，把沈莲给感动得不行。这一晚，天雷勾动地火，两人便住在了一起。

表面上看，沈莲的目标似乎是达到了，倪大海正式成为了她的男朋友。两个人聊了一整晚的未来，包括以后该住在哪里，什么时候结婚，该生几个孩子，父母那边怎么交代，买房买在哪里，等等。

沈莲在倪大海的一次次承诺里，又找到了失去很久的恋爱的感觉，而身边这个男人，显然比前男友小胜更加优秀，也更加可靠。他事业有成，年纪也到了必须结婚生子的时候，所以沈莲希望两人谈一年恋爱后，就尽快结婚。

倪大海说，他会在北京和江苏两地买房，结婚后沈莲可以两边都住一下，而倪大海则看公司情况选择待在哪边。

这事情看起来是很靠谱的。倪大海在沈莲的家里住了三天，随后就回了江苏，再之后，倪大海差不多每个月都会来一趟，两个人在沈莲的小屋子里同居不是很方便，于是倪大海就在CBD附近租了一个大房子，算是先把家给搭建起来了。

沈莲觉得这日子过得也不错，虽然男朋友每个月只来住七八天，但总算有个盼头，只需要一年就能结婚。而且现在的生活，比之前一个人时过得好多了。

倪大海成熟稳重，经济条件又好，对沈莲照顾得无微不至，在这种生活之下，沈莲终于觉得自己又找到了归宿，无怨无悔地爱上了对方。

但这其中，也不是没有问题。虽然正式确定了恋爱关系，但沈莲对倪大海依旧不是很了解，早就谈好的去倪大海家的计划被一推再推。而晚上给倪大海打电话，总是说不了几句他就借口在工作挂断了。让沈莲最不高兴的是，倪大海总是不喜欢网络视频，说是老人家了，玩不动这些东西。

但除此之外，似乎一切都那么美好。倪大海每个月给沈莲存一万块钱，并体贴地说，以后结婚生了孩子就不需要再上班，由他这个男人来养家，沈莲只需要决定每年去哪个国家度假就好。

这样的未来，还有什么可挑剔的呢？

就这样过了小半年，沈莲倒是生活乐陶陶，每天快活得很。但突然有一天，一个神秘的电话却把她给惊醒了。

来电话的人，号称是倪大海在江苏的老婆。她没哭没闹，只是很冷静地跟沈莲说，让她不要再破坏别人的家庭，做小三是会有报应的。

小三！

这是一个多么让人恐惧的词，沈莲简直被一棍子打蒙了。她这辈子都没想过，居然会被人称作小三，她也从来没想过，自己会去做小三。

倪大海有老婆？沈莲从前半点这方面的心思都没动过，但电话里的女人说的却不似假话，非常有底气。

挂掉电话后，沈莲立刻拨给倪大海，可倪大海的电话已经关机了。不仅是这一天，之后的一个礼拜都没有倪大海的消息。

网络上不见人，短信发过去没回应，以前天天都要聊的微信更是再也没有人回复，倪大海仿佛是完全消失了。

沈莲一开始还担心倪大海究竟去哪儿了，是不是出事了。可过了三天，终于感觉到有些不对劲，于是开始到处找倪大海在北京的朋友。

这里必须要说一件事情：女人们通常犯的一个很大的错误，就是总以为感情只是两个人的事情，在没有确定关系之前不好对外人说。

这就让一段感情变成了地下情，在你最需要别人意见、需要别人帮助的时候，因为你不好意思而隐瞒了下来，结果最后你爱错了人，而这种爱错很可能只需要一个电话就能避免。

沈莲才打了三个电话，就已经泪流满面。她这才晓得自己错得有多厉害。

三个电话里有两个人，都支支吾吾地透露出一个信息——倪大海其实早就结婚了，在江苏的家里，小孩都已经能打酱油了。

这件事情居然不是秘密，他大部分的商业伙伴都知道，而且其中还有几个是看着倪大海追求沈莲的，但也完全没有对她说过。

他们的意思是，沈莲也没有问起，当然不好随便破坏别人的感情，但如果问了，那当然会提醒她。

听到这些话，沈莲也不晓得自己是该哭还是该笑。她一直以来自己是在谈恋爱，可原来不过是人家的一场暧昧。更可怕的是，她在不知不觉中已经成了小三。

真是飞来横祸，突如其来地“被小三”，让沈莲刚刚治疗好的伤口又被撕开了一次。了解这个事实后，沈莲疯了一样地找倪大海，想让他把话说清楚，两个人的关系到底算什么。

一周后，倪大海出现在沈莲的面前，这次，他是来负荆请罪的。倪大海承认，自己确实已经结婚了，而且还有一个女儿，但他和老婆正在分居闹离婚。本来是想离婚后，再光明正大和沈莲结婚的，这才有那一年之约，可没想到他老婆不知从哪里知道了沈莲的电话，才有了这出闹剧。

沈莲听了之后心如刀绞，当然愤怒地要和倪大海分手，并开始自己动手打包行李。

谁晓得倪大海却跪在地上，拿出了一枚钻石戒指。他说自己早就买好了这枚结婚戒指，就是等着离婚后和沈莲在一起。倪大海求沈莲给他半年的时间，因为他现在已经和他的老婆分居了一段时间，只要再过半年，一切问题都会解决。

沈莲又是心累又是心痛，她明明只是谈一场恋爱，还以为找到了一个好男人，可怎么就如此不顺呢？

倪大海又是眼泪横流。一个三十多岁的大男人，跪在地上哭着发誓，说自己有多爱沈莲，只要沈莲一句话，要他做什么都愿意，只希望能有半年时间，等他把一切都处理完，就来北京常住，再也不去江苏了。

在这种情况下，沈莲应该怎么办？

如果早几个月，早到沈莲刚刚认识倪大海的时候，她知道对方有老婆，大概连想都不会想，自然是不会交往了。可现在沈莲已经爱上了对方，而且住在一起这么久，生活习惯和感情都磨合出来了，要分手哪有这么洒脱。

沈莲哭了整整一夜，最后让倪大海写下保证书，保证在半年内和老婆离婚，然后和沈莲结婚。

这事就算凑合过去了，沈莲尽可能地让自己忘记倪大海有老婆的事，而倪大海也完全不提家里的情况，一个月倒有半个月是住在北京的。

日子一天天地过去，半年之期将近。快到春节了，沈莲本来想问问倪大海是去哪里过年，能不能跟着她回老家一趟，可临近年底，倪大海又完全消失了，电话不通，也不上网。

沈莲再怎么劝慰自己，也始终很清楚，倪大海可能是在江苏陪着老婆女儿呢。一想到这个，沈莲就纠结于自己的小三身份，各种不开心、不高兴。

到了年初一，倪大海的电话终于打通了。沈莲刚想开口怒问他什么时候回来，接电话的却是个嗲声嗲气的小姑娘。

沈莲失神地呆住了，电话掉在地上都没有感觉到。

二

爱情里一定会遇到的一百个问题之十四：要不要和男人暧昧？

沈莲又来找我了。

女孩子往往都是这样，一段感情刚开始时，她会害羞、不好意思，所以宁可谈地下恋，不肯去问别人的意见。而等到恋爱开始后，又因为爱情是自己的事情，所以不愿意去听别人的意见。直至大错铸就，自己被骗了，忍无可忍、寻死觅活的时刻，才想到要找人帮忙。

为什么我一次次地写关于爱情的书？就因为接手了太多像沈莲这样的案例。她只需要事先知道，或者事先长一点点心眼，就不会落到这个地步。

沈莲被人骗了当小三，这种“被小三”其实很普遍，我们会在下个问题里具体说。首先来讲一下，在整件事情里，难道沈莲没有事先规避的机会吗？

当然有，而且有一个很明显的机会，那就是倪大海跟沈莲刚开始暧昧，两个人关系还没有确立的时候。

我一直说，不断重复地说，不要和男人暧昧，良家女人是玩不起暧昧的。你以为是自己在主控局面，你以为是自己在钓着鱼，但实际上，你才是被钓的那条鱼。

绝大部分女人都玩不起感情，因为你们太认真。这是个谁认真谁就输的游戏，所以不要玩，要结果。

什么是男女暧昧？就是两个不可能谈恋爱的人之间，营造出一种恋爱的氛围。男女之间为什么要暧昧？因为女孩缺爱，而男人就利用这一点，用暧昧的方式接近女孩，试图骗对方上床……暧昧对女孩来说往往是纯精神的，而对男人来说，最终都是要骗上床。说白了，暧昧就是给男人占便宜，先精神后肉体。

许多女孩都觉得，暧昧而已，根本就是一场精神恋爱，自己是不会吃亏的。

大错特错。因为你只看到了自己，却没有去分析男人是怎么想的。

对你而言，暧昧是一场纯粹的精神恋爱，甚至只不过是诱惑一下男人而已。但这是个双人游戏，你是怎么想的根本不重要，重要的是对方怎么想。

（一）对男人而言，暧昧就是为了肉体欢愉而进行的准备。

之前说过，男人是纯功利化的动物，他做一件事情，在一个人身上花时间、花成本，必然要达到某种结果。

而男人对一个女孩无端地暧昧，无端地玩一场精神之恋，目的只有一个，就是上床。

有人可能会觉得，会不会这么直接啊？会不会这么果断啊？

就是如此直接和果断。但是这些男人又不想让你感觉到他的目的性这么强，所以才会有暧昧这件事情的发生。

其实暧昧和一夜情，最后达到的结果是一样的，但暧昧是一夜情的外衣，是一个可以用感情来欺骗的外壳。

这个欺骗的外壳，其实是非常心理学的。因为女人对性这件事情并没有那么热衷，绝大部分女人上床的前提，是要有感情。

没错，即使不用结婚，即使还没有谈恋爱，但至少要有感情。真正支持纯粹一夜情的女人是非常少的，许多女人的一夜情，都是和暧昧的对象发生的。

所以对那些男人来说，想要把难搞定的女人搞定，首先得和她有感情，然而又不想真正谈恋爱，只是要玩一玩怎么办？那就玩暧昧吧。

表面上是精神恋爱，其实不过是让女人对自己有感情后，可以方便上床。

仅此而已。

（二）暧昧意味着男人不可能和你在一起，但又想得到你。

为什么会有这么多女孩中暧昧的招呢？是因为她们抱有幻想。她们在面对一个男人的暧昧时，甚至都知道这是没结果的、不可能的，但总是会抱有一点点希望——万一有结果呢？

女人是纯感情的动物，在感情世界里，谁更重视感情，谁就是弱者。

千万不要自作多情地以为，男人跟你暧昧，是因为喜欢你，是因为想和你恋爱、结婚。

如果男人真的可以和你谈恋爱，他就不会随便暧昧。如果男人真的要和你结婚，更加不会随便暧昧。因为男人的爱情是一种征服欲，爱你就要独占你，而绝对不会留一个暧昧的口子。

说句实在点的话，如果男人有那么一点点爱你，他都恨不得把你圈在家里。即使他自己天天出去花天酒地，也不会让别的男人碰你一根手指头。这就是男人的爱。

而和你玩一场没有约束性的暧昧，唯一的可能性就是，男人不爱你，或者说不可能和你在一起。

这里面有两个选项，其中一个选项是不爱你。男人的爱情是什么样的，我在第一部分说过，之后还会说。其实我们可以看到，大部分的暧昧，男人对女人是有好感的，多少有那么一点爱（纯粹一夜情骗人上床的除外）。

那么，我们就遇到了第二个选项——他不可能和你在一起。

这恐怕是许多男人的无奈。当他们在外面玩的时候，遇到一个良家女孩，很喜欢对方，想和对方上床，但因为自己已经不是单身了，或者有固定女友了，没有办法和对方在一起。这个时候怎么办？就只好和你玩暧昧。

沈莲当时遇到了倪大海的暧昧，她一直没有搞清楚为什么，只是想着确定恋爱关系。但其实，这本身就是一个信号，一个非常明确的信号。

当一个男人说很喜欢你，又要和你玩暧昧的时候，其实就是在告诉你，他并不是单身。因为男人不会不想着独占一个喜欢的女人，只是他不方便独占而已。

一目了然。

（三）这是个谁认真谁就输的游戏。

刚才说了，这是一个谁认真谁就输的游戏。

许多玩暧昧的女孩，刚开始的时候或许心态很好，她看到男生猴急的样子，觉得是自己在掌控局面，是自己在钓鱼。

但你搞错了一件事情。男人在面对一个美女的时候，通常都会猴急的，这是生理反应，但不代表他的心态就差，或者不代表他就很认真。

狗狗看到骨头也很猴急，但它会对这根骨头认真吗？它只不过是想要吃掉骨头而已。

男人面对女人时，就是这样的一条狗——对你的任何急迫，都不过是想要吃掉你，而不是对你有感情。

如果你觉得这件事情自己也是在玩玩的话，那么请先回答这几个问题——

你可以同时和几个男人玩暧昧吗？你可以同时和几个男人谈恋爱吗？你可以劈腿出轨而面无愧色吗？你可以一边和这个男人上床而心里想着另一个吗？

大部分女人都做不到，但男人都能做到。

没错，在每次暧昧开始的时候，女人或许都不会太认真，都抱着玩玩又不要紧的心态。但玩着玩着你就陷落下去了，而这种陷落，都是无意识的，都是一点点地被感情吃掉。

等你真的玩进去了，你就认真了，而一认真，你就输了。

要切记，男人都是刚开始认真后面越来越游戏心态的人，没得到你的时候多少都有些认真，一旦得到了身体，几乎都开始玩乐。

所以要玩暧昧，你就输定了。

（四）珍惜爱情，远离暧昧。

我一再地说，女人在感情世界里，其实是玩不起的动物。在这件事情上，千万不要嘴硬，不是因为你软弱，也不是因为犯贱的心态，而是因为女人太重感情。

既然玩不起，那就不要玩，我们要抱着认真的态度去恋爱。说句实话，即使你用认真的态度去爱，还是会经常被欺骗、被玩弄，更何况那些想着戏耍的女人。

所以我们谈恋爱，都要尽可能冲着最后在一起的目的去。而暧昧这种事情，几乎都是有家室、有女朋友的男人出来泡妞，它是一种没有结果的感情。

基本上，我们都可以认为，每段暧昧都是一次出轨，这是对爱情的不负责任，也是对你自己的不负责任。

所以，珍惜爱情，远离暧昧吧。

三

爱情里一定会遇到的一百个问题之十五：怎样才不会“被小三”？

沈莲所遇到的终极问题，就是她“被小三”了。

什么是“被小三”，就是你在不知情的情况下，以为自己是在和男人谈恋爱，甚至将来会结婚，但实际上，这个男人早就有了家室，你在完全不知情的情况下成了小三，这就叫“被小三”。

大家千万不要掉以轻心。根据我们的案例统计，超过一半的小三，都是从“被小三”发展而来的，而有相当数量的爱情，都是一种“被小三”的尝试。有些人真的是从开始到分手都不晓得自己已经当过小三了，那个男人早已有了妻室，还一直在外面泡妞。

（一）“被小三”的产生是因为男人的劣根性。

为什么会产生“被小三”？这个问题其实很傻，和之前对暧昧的解释是一样的。

男人出来玩，看上了你，想要和你上床，或者想和你在一起。而这时候，男人本身已经有妻子，如果告诉你真相的话，追到你的成功概率有多少？

几乎是零。

为了提高泡妞的成功率，所以他选择了欺骗，而这种欺骗，是纯粹自私的、纯粹针对结果的。我一直说男人是种功利性的动物，再次得到了证实。他们为了追到自己想要的女人，可以完全抛弃道德感，抛弃家庭责任感，不顾法律和舆论，将实情完全隐瞒。

“被小三”现象的存在，几乎都是因为男人性格里的劣根性，是他们不择手段的方法。很多当小三的女孩，其实也不过是受害者，甚至是更大的受害者，被人骗了感情，骗了身体，骗了青春，有些甚至还被骗了钱。

“被小三”的危害性极大，因为你压根不晓得对方是什么情况，以为自己是在谈恋爱，完全地投入进去，把时间、生命、青春都浪费进去。但最后呢？一旦被发现、被曝光，受到周围人最广泛质疑的不是那个男人，而是你。

因为你是个小三，这简直是全世界最不公平的事情。你被骗了，是个受害者，最后还要为此付出代价——被枪毙者还要付子弹钱。

所以，想要不被骗，不成为最终的牺牲品，一定要看完这一章。

（二）忍耐是一种罪过，千万不要忍。

如果有一天，你发现自己“被小三”了，发现自己深爱的男人是在骗你，是有家室的，你会怎么样？

绝大部分女人肯定第一反应就是——分手！

说得很轻巧、很容易，但我告诉你们，在那个贱男人的挽留下，超过一半的女人会选择忍耐和等待。

因为那个男人会恳求你，会告诉你他正在闹离婚，会说他和妻子没有感情，已经分居了，离婚后马上娶你。

这些话你现在看看可能觉得很假、很可笑，但如果真的在那个情境下，你却会情不自禁地想要相信。

为什么呢？因为我说过，女人是受情绪控制的动物，而那个时候，有一种情绪势不可当地控制了你——不甘心！

你明明是在谈恋爱，为什么突然这男人不是你的？你不甘心。你为什么会变成第三者？你不甘心。本来想要结婚的，为什么不行了？你不甘心。你已经浪费了那么多时间，为什么到头来一场空？你不甘心。

你谈恋爱的时间越长，就会越不甘心。恋爱时间超过半年的“被小三”女孩，最后被男人挽留的概率是很高的。

因为男人一句明显的假话，却迎合了你的不甘心，让你生出侥幸心理，最后就决定，再给他半年时间看看。

但半年之后呢？同样的戏码重新来一次。因为你又多投入了半年的时间，所以不甘心的情绪更重，更加难以离开这个男人。

如此的事情，重复两三年之后，男人对你已经玩腻了，而且你也不再年轻了。这个时候，是男人想要甩掉你，而你却已经真正成了小三，想要努力地把男人抢到手。到那个时候，你再回过头来看看，自己仍是那个视爱情如命、想要好好谈一场恋爱、和良人结婚的人，还是一个处心积虑想要“转正”的第三者呢？

为什么要把自己逼到这样的绝境呢？

不要给自己任何考虑的机会，不要去想什么报应和代价，不要想着报复男人，更不要有什么不甘心的情绪。

一旦发现自己“被小三”，就立刻分手，不要有丝毫犹豫。

因为解放了自己，你才会有未来。任何情绪上的牵绊，哪怕是报仇，也会令你沉在这个泥沼中难以自拔。

（三）怎么识破男人的谎言，不让自己“被小三”？

所有女人都不希望自己“被小三”，然而怎么才能识破男人的谎言呢？其实，你有不止一个机会，还有好几个机会、好多个标准。

首先，在恋爱前期，你千万不要害怕被人知道会丢脸什么的。爱情应该是一件阳光下的事情，所有的地下情都是不正常的，所有的隐瞒都有不可告人的原因。所以，尽可能让自己的恋爱光明正大一点。

而在你爱上一个男人之前，必须要收集这个男人的资料，去打听他有没有别的女朋友或者老婆。有时候，这种看起来无谓的事情却会救你一命。

如果沈莲在对方追求她的时候，能够多长个心眼，可以多问几个人，是绝对不会落入这种窘境的。

其次，在恋爱中期，切要注意，尽可能地和男人同居并且生活在一起，要进入他的生活圈，认识他的朋友，认识他的家人。

有一个非常简单有效的技巧，那就是在重要节日，必须和你的男人待在一起。譬如情人节、春节、中秋节，这些是男人几乎没有办法绕开家庭的日子，如果你能在这些日子约到他，甚至能陪他家人一起过，那么你“被小三”的概率几乎是零。

千万不要小看节日的力量，我所见过的小三，不管她们平时有多嚣张，每年都会有很痛苦的时候，那就是逢年过节。不管这些人有没有小孩，你总是会看到，她们过节的时候都是形单影只的，甚至到老都是如此。

而许多有经验的出来泡妞的男人，总是会在重要的节日之前迅速分手，或者找好借口。譬如春节和情人节是连在一起的，那么这男人在提前一个月的时候，可能就已经在宣称，自己春节的时候要加班，没办法陪人。

有了这个谎话打底，之后无论怎么联系不到，都不会惹人怀疑。

所以对于女人来说，一个男人在过年过节的时候总是有借口，总是不陪你，总是要工作，总是家人生病，总是消失，那么几乎可以肯定，你已经“被小三”了。

最后，如果你真的发现自己“被小三”了，请你一定捂上耳朵，不要听信男人的解释，不要听信男人的任何话，一定要中断所有联系，狠心分手。

因为爱情是一件体面、公开和温暖的事情，所有的隐瞒、不顺和阴暗都必然另有原因。请把爱情放到阳光下，如果暴晒后出现了问题，那就果断地抛弃它，因为这不是爱情，而是毒药。

没有哪种真正的爱情会变成毒药，毒药永远是毒药，变不成苹果。

第三章

爱情究竟是什么

一

你要的是爱情，还是结果？

沈莲经历了一次次的挫折后，意志已经消沉到了谷底。尤其是“被小三”事件后，打击是无以复加的。从前还不过是和男朋友分手，而这次连名声都受到影响，时间又被消耗了不少，所以沈莲又回到了低落的宅居时代。

不过这一次她至少学会了一点，那就是不会再自己死扛，而知道来找人帮忙。她几次三番来找我聊天。我告诉她，其实还是有一些好处的。譬如说，在经济上那个男人帮了她许多，沈莲在北京有了自己的房子，只不过是还要还贷款而已。再譬如说，那个男人帮助沈莲拓展了人际交往圈，现在她认识了许多商界的人，眼界和从前不一样了，人际圈也不一样了。

有了这些好处，对沈莲来说，也并非得不偿失。过去的日子，她还是有收获的。现在的关键，不是她还拥有什么，也不是她曾经有多少伤痛，而在于她应该怎么办。

女孩子经常犯的错误是，在经历了一次失败的爱情后，她们通常想的是，对方到底有没有爱过我，他为什么不爱我，自己究竟犯了什么错误。

但她们真的很少想，我该怎么办。

而这个问题，恰恰是重点。

所以沈莲想要走出自己的困境，要解决的不是从前发生过什么问题，而是，我究竟想要什么，以后该怎么做。

沈莲回去后，仔细地考虑了这个问题，几天后又来找我。这次，她倒是彻底想明白了。沈莲说，她还是想要找一个正正经经的男人结婚，现在她只想谈一次正常的恋爱，直到结婚。

这是个非常好的目标，女孩子在年轻的时候往往会喜欢缠绵悱恻的爱情，但在受过伤之后，又想要一段有结果的爱情。

我经常跟人说，一段缠绵悱恻的爱情，往往不是小三就是二奶，基本上没有正经的。越是凄美、越是离奇的爱，结果往往就越差。

沈莲的经历恰恰证明了这一点，她那几次恋爱爱得撕心裂肺，爱到死心塌地，结果不是被抛弃就是“被小三”，搞到连一点点尊严都没有了。

而现在伤痕累累，她终于明白，其实她要的根本不是爱情，而是一个结果。

在看书的人也可以好好想想：你现在需要的是爱情，还是结果？如果是前者，那么你还没有被爱情伤透；而如果是后者，那么你的心上，已经伤痕累累了。

现在沈莲已经明白，她真正想要的，还是一段有结果的恋爱，最好可以尽快结婚。

该怎么找一个安稳的男人呢？

我们来把男人分个类，其实总共也只有三种：

1. 会主动上来搭讪的陌生人。包括在网络上看到漂亮照片后来跟你搭讪的，在酒吧夜店里来跟你搭讪的，走在路上来跟你搭讪的……这一类的男人，统称为出来玩的。既然出来玩，就不可能迅速结婚，就算是收心结婚，以后还是会出去玩，这一点在第一部分已经讲过了。

2. “三不”男人。不主动、不拒绝、不负责，他不会对你主动采取攻势，但也不拒绝你追求他，不拒绝跟你上床或者暧昧，但绝对不会负责任。这种男人其实非常可恨，往往会令人难以驾驭，又不知该如何戒断。特征是条件超好，平时非常受女孩的欢迎，身边永远不缺女人。

3. 本来就很被动，也不是太受欢迎，身边女孩子不多，谈过的恋爱也少，就想找个人尽快结婚的男人。这种男人，往往处于孤立的工作环境中，家教严格，所以闷骚而不外向，不喜欢去夜店和酒吧，也不知道打扮自己。

看了以上的三类男人，沈莲就明白，自己需要找的，正是第三类男人。而这一类男人，通过以前出去玩的方式，是很难碰到的，所以只能靠人介绍，让知根知底的熟人来为她出谋划策。

几番动员下来，还真有不少朋友肯出力的，最后果然帮沈莲找到了一个靠谱的男人。

这个男人叫张远，是清华大学某科研机构里的研究员，纯理工科出身，可以说是从小到大都在清华系的学校里读书，一路高才生，一路不出校门，家教极严，毕业后硕博连读，现在一边做研究员一边念博士后，可以说是高级人才但宅男一枚。

张远现在的年薪有15万左右，家里有三套房，一套父母住，一套婚房，一套出租收租金。父母都是高工，退休后自己开公司，算是社会上有头有脸的人物。

张远的条件都很好，就是人有些胖胖的，长得比较安全，然后又宅又闷，不爱说话，做事情一丝不苟，也不风趣。大家都知道，这种男生往往会被发“好人卡”，但实际很少有人会喜欢。

别人介绍了张远给沈莲认识，两个人也不说相亲，只是见了一面喝了次茶，沈莲只当是多认识个朋友，也没往心里去。

可谁想到，张远对沈莲却是一见钟情，整个人就像是吃了迷药一样。拿介绍人的话说，就是回家后整个人都是飘的，脚不着地。

于是张远对沈莲展开了追求。其实所谓的追求，不过是偶尔发个短信啊，或者突如其来地出现在沈莲单位门口啊，诸如此类的有些吓人的举动，一点都不浪漫，反而还让人有些烦。

所以沈莲就对张远说清楚，自己并不喜欢他，希望他别再来骚扰她。

可谁知道，张远又沮丧又伤心又失望，他拿出了一个本子，上面写满了从网上摘抄下来的泡妞方法，告诉沈莲说，这才用到第二页呢，别人总说知识改变命运，可怎么一点也改变不了他的，他再也不相信知识了。

这一幕，张远是非常认真地在说的，却让沈莲笑得半死。沈莲一直以为张远是在装，这个世界上哪里有这么宅、这么笨、这么不会跟女孩打交道的人，可实际上，张远还真的是这种人。

作为一个技术流宅男，除了在青春期暗恋过几个女孩之外，他还没有正式谈过恋爱，也没有过女朋友。现在看到沈莲这样漂亮、时尚、独立的女孩，压抑了三十年的情感完全爆发出来，整天就想着怎么去追求对方，怎么去表达自己的浪漫。而作为技术宅男，他只会从百度和谷歌上搜索资料，所以才整理了那么一大本泡妞技巧。

可惜，张远知其然，不知其所以然，做事情没头没脑的，才会把沈莲搞得怕怕的。

知道来龙去脉后，沈莲又好气又好笑，就带着张远跑去郊游。两个人在外面玩了一整天，几乎都没怎么说话，只是玩得很开心。傍晚时分，沈莲和张远坐在湖畔，远远眺望着夕阳，沈莲对张远说："这才叫浪漫，懂吗？不需要做什么，只需要安静地坐着。"

张远却突然说了句浪漫的话："还要和喜欢的人安静地坐着。"

沈莲心中一恸，之前所有受过的创伤，所有的痛苦，都在这时候翻了起来。她此时才知道，曾经的伤害，原来都没有愈合，只不过是被埋葬了。

人是不可能忘掉任何事情的，你以为自己忘记了，其实不过是埋得更加深而已。

于是沈莲趴在张远的肩膀上痛哭失声。也不知道为什么，她整个人仿佛都轻松下来，只是想痛哭一场，把所有委屈、所有苦难、所有不幸都哭出来。

这个晚上，沈莲把自己遭遇过的一切，都告诉了张远，甚至是自己做过小三、自己被劈过腿、自己和那些男人的事情，都一五一十地告诉了张远。

说到最后，张远也陪着一起哭。他这样没有经历过社会的男人，怎么会知道沈莲身上经历过的一切呢？

对很多男人来说，他们只是看到了沈莲的美丽，看到了她的深沉和安静，看到了她与众不同、宠辱不惊的气质，却不晓得，这一切的一切，都是她用伤痛换来的。

如果有人可以“二”一辈子的话，谁他妈的想要宠辱不惊啊。

听完了沈莲的故事，张远沉默了很久很久。就当沈莲以为把这个男人吓跑了的时候，张远却突然说，他已经计划好了，如果沈莲愿意跟他在一起，就绝对不会再吃苦。说着，张远罗列了一系列的数据，把为什么不会吃苦给逻辑分析了一遍。

原来他刚才长时间的沉默，是在计算各种可能性。沈莲真是又好气又好笑，但心里面多少还是有些甜蜜。

那天晚上，沈莲就和张远确立了恋爱关系。如果是别人的话，大概当天晚上就会把沈莲的便宜给占了，送她回去就趁势住在她家。可是张远却完全没有想到这一点，把沈莲送回家后，自己也默默地回家了。

之后一段时间，两人的关系发展得极慢，虽然张远对沈莲非常好，每天去单位接送，几乎天天约会，周末两个人都是泡在一起。感情上，沈莲慢慢发觉张远身上其实有很多优点，譬如认真负责，譬如有承担，譬如耐心细致，譬如逻辑性强。这些东西从外表是看不出来的，就是所谓的内秀。

而认识得久了，外貌上的一些东西也就不再重要，张远胖胖的身材，大大的肚腩，反而成了沈莲玩乐的重点。

只是张远真的不主动，一点都不主动，已经到了两个人第一次接吻都是沈莲主动的地步。三十多岁的处男，沈莲真心有些伤不起。以这种恋爱速度来看，两人要上床，估计真的得婚后了。

上床的问题虽然没有进入张远的计划表，但他对沈莲真是已经到了死心塌地的程度。对沈莲的好就不用多说了，他还不晓得从哪里听到，说是男人必须给女人安全感，所以又做了一件让人感动的事情。

他去开了一张联名卡，然后交给沈莲，说以后自己的一半薪水都会存进去，并且让沈莲管钱。为了让她放心，张远往里面先存了十万块钱。

这笔钱，对于找过有钱人的沈莲来说确实不算什么，但她很清楚，这大概是张远的全部积蓄了。一个男人把全部积蓄存进写着自己名字的卡里，这说明什么，很清楚。

后来，《婚姻法司法解释（三）》出来后，网上到处都有人在讨论关于房产证上加女方名字的事情。其实张远也没搞懂这法律究竟是讲什么的，但却看到了一句话：“好男人是勇于直面房产证上老婆名字的。”

于是张远就要扯着沈莲去改婚房的房产证，说要把沈莲的名字加上去，让她更加有安全感。

这件事情，沈莲拒绝了。她不是什么贪心的女人，觉得自己和张远两人的关系连八字都还没有一撇，就要在房产证上加名字，实在是太过头了。

当然，最主要的原因，还在于沈莲有另外一个选择。

这个人，是沈莲最近才认识的。他叫程伟光，是一个酒吧老板。说是酒吧老板，其实酒吧不过是他的其中一个产业。程伟光平时并不需要经营酒吧，按他的话说，他的主业是户外旅行，副业才是酒吧。

程伟光和张远，是两个完全不同的极端：张远闷，而程伟光活泼；张远不会浪漫，而程伟光的浪漫无处不在。

张远对沈莲极为上心，可以说有求必应；而程伟光对沈莲却有一搭没一搭，而且从来不掩饰自己身边有很多追求者，要沈莲上赶着去找他。

但在这两个人当中，沈莲却偏向后者。

看起来是不是有些贱呢？但真的到了这种选择的时候，许多女孩都会作出这种贱贱的选择。

我之前已经说过了，女人的爱情，是和情绪有关的，尤其是不甘心的情绪和征服欲。对于沈莲来说，张远已经全无保留地呈现在她面前，可以让她为所欲为，当然不会有不甘心和征服欲这些情绪。

而程伟光呢，却恰恰是一个最会调动女人情绪的高手。他可以让沈莲感觉到浪漫，可过几分钟就开始吃醋；可以让沈莲温暖地趴在他肩头，但过一会儿又让她生气；可以让她觉得找到了依靠，但过会儿却又给她看别的女人发来的短信。

总之是爱恨交加，咬牙切齿。

但这种感觉，往往会被女人误认为是爱情。这是爱情吗？或许是爱情的一部分，或许是爱情的一个分支，总而言之，这是一种情场高手可以操纵出来的情绪，让你把安全感、浪漫、嫉妒、不甘心、性欲、母性都融合在一起。

沈莲当然知道程伟光这种男人不靠谱，靠不住，但她确实没办法甩开这个男人，也下不了决心和他分手。

沈莲给自己找的借口有几个：1. 这个男人懂我；2. 这个男人可以让我开心；3. 我爱他；4. 他一定会爱上我；5. 这是上天注定的感情；6. 这是我一辈子的克星。

在这些借口的作用之下，沈莲的情感天平逐渐倾斜。尤其是好几次，程伟光表现出了对张远的吃醋和嫉妒，并且去酒吧买醉，这让沈莲的心神几乎崩溃。她似乎看不得程伟光的嫉妒吃醋，又感觉到了久违的爱情，所以决心和张远分手，然后和程伟光在一起。

在这个最关键的时刻，沈莲最后的一点点理智，终于让她想起来给我打个电话，要听听我的意见。

二

爱情里一定会遇到的一百个问题之十六：爱情和生活怎么选择？

沈莲给我打来电话，问我的意见。

其实，许多女孩子都会有这种时刻：当面临两个选择——一个是老实无趣但适合做老公的，而另一个是有趣的、自己牵挂的但不靠谱的——时，不知道怎么选择，最后听从“爱情”的指引，选了后者。

过段时间，被人玩腻了之后，被抛弃，然后痛不欲生，接着重新开始一次轮回。

一直要到你受伤到完全忘记了爱，或者不敢爱了，你才会去作一次正确的选择。

为什么呢？原因还是那句话——你不知道自己要的是什么。

我问沈莲一句话：“你要的究竟是缠绵悱恻的爱情，还是安稳、正常的生活？”

沈莲反问：“两者不可兼得吗？”

我说：“两者不可兼得，因为你要的爱情和生活所要的爱情，是不同的。”

这时候，沈莲就不懂了。人要的爱情和生活要的爱情，还会不同吗？

当然是不同的，请注意听。

沈莲所要的爱情，和很多小女孩要的爱情一样，是要感受温暖、浪漫、嫉妒、愤怒、依靠、失落等情绪的变化。

而一个人如何才能经历这些情绪的变化呢？唯一的方法，就是把自己的感情、情绪和心都交出去，交到一个男人的手里，让他来操纵，让他来搓揉，捏扁搓圆你的心，随意地摆布玩弄你的情绪。

也就是说，女人要的爱情，是先把自己的心交出去，然后让人耍出不同的花样来。

这就是女人的爱情真相。

但生活所要的爱情呢，是两个人对彼此的付出，是两个人对生活和家庭所作的牺牲。当两个人不选择戏耍对方的情绪、戏耍对方的心，而把这个时间和智慧放到经营家庭、经营生活上，这种爱情，才是生活所需的爱情。

简单来说，没那么多闲工夫互相伤害，而把时间都放在过日子上，才是真正好的爱情。

沈莲之前一再说，她已经累了，再也玩不起了，要找个人结婚。可是事到临头，却依然会去选择一个操纵她情绪的男人。

因为女人什么都能戒掉，最难戒的是情绪。这就像看电视剧一样，女人总是容易比男人入戏。而当她的生活比戏剧还精彩，可以经常跌宕起伏的时候，她当然很难戒掉。在那个时候，她就完全忘掉了自己当初想要的是什么。

所以，关于爱情的这个问题就是：爱情和生活，两者之间应该怎么选择？

其实这个问题根本不能成为一个问题，也无须解答，如果一定要我说，我会让你顺其自然，自己想要什么就是什么。

当你还在享受情绪带给你的快感时，当你还在享受被人操纵出来的各种美好和难过时，说明你还没有玩够，那就尽情地玩吧，也不用过分担心。

当然，有人会说，我已经三十多岁了，怎么还没玩够呢。其实这个和生理年龄没有太大的关系。什么是玩够了？当你被伤够了的时候，就玩够了。

因为人的情绪，是有疲劳度的，在兴奋期的时候，就喜欢被人玩弄。一次次的甜蜜，一次次的悲伤、嫉妒、愤怒、辗转反侧，其实都可以给你带来愉悦感。但等被玩弄后的伤害到来，重重地挫伤了你，情绪的兴奋期就会过去，到了那时候，你会觉得这些一点都不好玩，或者说，都已经被你玩过了。

当你对所有爱情的情绪都提不起劲来时，恰恰是你应该为生活而作选择的时候。

而这时，最适合与你生活、为你付出，愿意和你一起为了生活而努力的人，就会成为好老公的目标。

我经常说一句话：**“很俗很俗的爱，通常会有很俗很俗的生活，而这种很俗很俗的生活，就叫做幸福。”**

幸福，是一种不需要浪漫、不需要离奇、不需要悲伤的东西。

它只需要——你在我的身边。

三

爱情里一定会遇到的一百个问题之十七：怎么才能不被人“吃定”？

沈莲的问题其实在于，她已经被程伟光给吃定了。

女孩子的爱情，有时候很简单，当她可以吃定一个人的时候，会觉得自己并不爱他，只是他爱自己而已。而当她被一个男人吃定时，才会认为，自己是死心塌地爱着对方的。

什么是被人吃定呢？

被人吃定的特征有：

1. 他让你干啥你就干啥，你让他干啥他就是不做。

2. 你每天都想与他见面，他完全无所谓。

3. 你什么事都先为他着想，他什么事都为自己着想。

4. 你每次想分手但都不舍得，他每次吵架都用分手作威胁。

5. 你不理他无法超过24小时，他不理你可以无穷尽。

6. 他随时可以让你吃醋，而你要让他吃醋却很难。

7. 每次他都可以轻轻松松地让你生气，但也可以轻轻松松地把你哄开心。

这些特征你有吗？如果超过一半，就是完完全全地被人吃定了。

你为什么会被人吃定呢？其实你仔细分析一下就会发觉：虽

然所有的事情，都发生在你和那个男人之间，但如果换一个能吃定你的男人，这些事情还是会发生。

也就是说，男人不是特定的，事情才是特定的。

对，这就是被人吃定的秘密——其实吃定你的，并不是一个男人，而是你的情绪。你不是戒不掉一个男人，而是戒不掉自己的情绪波动。

你一会儿高兴了，一会儿愤怒了，一会儿吃醋了，一会儿又安全了，一会儿满意了，一会儿又生气了，这些情绪让你牵挂，让你始终都离不开。

而这个男人，恰恰可以掌控住这些情绪。

上一个问题时，我们说了，女孩要的爱情，是把自己的心、感情和情绪交到男人的手里面，然后任人摆布耍弄，最后达到一个个“情绪高潮”。

“情绪高潮”是我提出的一个心理学概念，指的是人的情绪在被特定的人用特定的手法摆布操作，最后获得某种愉悦感。这种愉悦感有时是欢喜，有时是悲伤，不一而足，周而复始。

帅男人不可怕，有钱的男人也不可怕，坏男人更不可怕，最可怕的是能调动女人情绪的男人。他们可以随时让你哭、让你笑，随时让你吃醋、让你嫉妒，又能让你感动、让你觉得浪漫，还能让你一会儿觉得安全，一会儿又很不甘心……这种男人，是真正的女性杀手。当遇到这种男人时，你一定要好好地问问自己：你要的是什么？是一个能过一辈子的老公，还是被人玩过后甩掉？让你又哭又笑的，都是真正的情场老手，变不成老公的。

也就是说，一个可以吃定女人的男人，根本就不需要让自己很出色，也不需要给女人什么生活的保障，甚至不需要给人结婚的承诺。他们只需要把心思放在琢磨女人、摆布女人的感情上就可以了。

这个逻辑是可以反过来推导的。

当一个男人把所有心思都放在操纵女人上，把所有的智慧和时间都放在摆布女人、让女人爱上自己这件事情上，那么他要的就一定不是长久的生活。

因为长久的生活，是需要一个男人有责任感地为生活付出、为生活作出牺牲的。他把一切精力都放在女人身上，而没有放在生活之上，那就一定是对生活无所图，只是对女人有所图而已。

答案就呼之欲出了——一个控制你、吃定你的男人，其实并不是想和你好好过日子，只是想得到你一段时间而已。

有些男人爱你，是想跟你过一辈子；而有些男人爱你，只是想和你过一阵子。过一辈子的男人爱你爱得不会很用力，因为他们要把力气放在生活和家庭上；过一阵子的男人必定会爱你爱得死去活来，因为他只需要爱过你、睡过你和抛弃过你就可以了，根本无须顾及生活和家庭。

明白了吗？一个吃定了你的男人，不只是不能嫁，而且他压根就没想过要娶你；反而是被你吃定了的男人，才是勤勤恳恳为生活而拼命的。

但不幸的是，作为一个正常人，始终没有办法戒掉“情绪高潮”，所以我们始终都是在寻找一个吃定自己的人，实在找不到，才会嫁给那个被自己吃定的人。

如果你不想被人吃定的话，当然也有办法。

不想被人吃定的方法：

1．不把爱情当做人生第一大事，你的情绪寄托，并不是在爱情上（很多男人的情绪寄托就是事业，所以他们为事业而劳神，却不为女人而伤心）。

2．找个他爱你多过你爱他的人。

3．赚钱比他多。

4．和朋友在一起的时间比和他在一起还多。

5．有恋人但并不阻止别人追求你。

很难对吗？做不到对吗？其实在一段感情当中，就是在相互操纵对方的情绪，其中的秘诀只有三个字——“不在乎”。

你对事不在乎，它就伤害不到你；你对人不在乎，他就不会令你生气。在乎了，你就已经输了；什么都不在乎的人，才是无敌的。

所以不想要被人吃定，就必须要先吃定人。而要吃定一个人，首先你就不能在乎他。而你不在乎他，也就不会被他吃定，所以你会觉得自己并不爱他。

这才叫悖论。

最后想想，你要的究竟是爱情，还是生活呢？

四

爱情里一定会遇到的一百个问题之十八：爱情究竟是什么？

爱情到底是个什么东西呢？从第一部分开始，我们就在不断地探讨这个问题。从男人的角度，我们了解到爱情是征服欲；从女人的角度，我们了解到爱情是情绪。

那么在生活里，爱情到底会如何运转呢？我们能不能掌握到它的规律，并且知道，什么样的爱情是有好结果的，什么样的爱情是没有好结果的？

（一）爱情是一种权力——卖身契式的爱情。

前几节我就说过，很多女孩的爱情，就是把自己的心、感情和情绪交到男人手里，任由对方摆布，之后产生的那种激动、兴奋、挫折、嫉妒、愤怒、思念的情绪。

从这种角度来看，爱情更像是一种权力。

你爱上了谁，谁就掌握你，可以让你哭就哭，让你笑就笑。这种爱情，是奴隶制的，是压制性的，是单方面的。

这叫做卖身契式的爱情。

爱上一个人，就是把自己双手奉上，送给对方，而要不要你，还得由他做主。

如果你的爱是一份“卖身契”，请交给最值得的那个人。

让他小心翼翼地，如对待花朵一样，将你捧在手心里。

（二）爱情是一种悲剧——悲剧式的爱情。

有些人一直迷恋的爱情，是带有悲剧色彩的。譬如说，长时间的单恋、苦恋；譬如说，第三者之恋；譬如说，始终处于分手的边缘；譬如说，长期的异地恋和吵架。

这种爱情伴随着一次次的吵架、不愉快，一次次地想分手但始终都分不了。

另一种悲剧式的爱情，就是男人对你特别不好，总是欺负你，甚至总是出轨，一点都不疼你，甚至公然说不爱你，但在这种压迫之下，女人还是舍不得分手，觉得这是爱情。

但其实呢，悲剧性是很多女人都在享受的，如同你们看琼瑶剧，看虐心剧，看很多爱情故事、宠物故事一样，被虐得死去活来，但还是很爽。

悲剧式的爱情会令女人沉浸其中难以自拔，但实际上，这并不是女孩子需要的，只不过她们难以戒断而已。

把难以戒断的坏事当做爱情，也是一种自我安慰。

而实际上，我告诉你们：真正的爱情，是不会让女人吃苦的。真正的爱情，会让你安心、会让你开心、会让你根本不用费心。这种爱情，不会令你辗转反侧，也不会让你彻夜难眠，你的另一半总是在取悦你，让你开心，你不必把力气放在爱不爱这件事情上。

没错，当你纠结爱不爱的时候，对方已经不爱了，这也不再是爱情了。

（三）爱情一定会散场——短暂的爱情。

我时常说一句残酷的话：婚姻内是不需要爱情的，婚姻常常是发生在爱情死掉之后。

为什么呢？

因为爱情是有生老病死的，一段爱情在你们相遇相爱时诞生，之后慢慢变成热恋，这时候成为爱的高潮，然后势必相互熟悉、相互习惯，最后爱情慢慢死去。

爱情死了之后，有些人觉得不爱就不能在一起，所以分手了。但更多的人因为熟悉和习惯而拥有了亲情，变成了亲人，走入了婚姻。

爱情是人的一种情绪，任何的情绪，即便再长，也会有平淡消亡的一天。但生活是连绵不断的，至死方休，所以生活所需要的不是情绪，而是一种态度，或者说一种关系。

这种态度和关系，叫做亲情。

陌生男女之间相爱并不难，但爱人间产生亲情却很难。爱情可以在短期内让你们如胶似漆，可这情感不能贯穿一生。唯有亲情可以在整个人生中让你们相互依靠和自律。许多人相爱多年，终于把爱情变成亲情，却因为失去爱的感觉而分手。在我看来，这无疑是世上最可惜的事情。

（四）面对爱情，我们应该怎么办？

其实这件事情，说穿了就很平淡。**就好像你在爱情里遇到的所有伤痕，当过了足够长的时间，就会觉得那根本不算什么，以前的所有难过都太傻了。**

因为你在乎的时候，对方就是金是银；等你不在乎了，对方连草都不如。你现在为他难过，只不过是因为在乎，只要努力让自己不在乎，那他就什么都不是。

那么，是不是就不再需要爱情了呢？大家长大、读书毕业后，找个适合的男人结婚就好了。

当然不是啦，如果做人一世，都没有好好地爱过，那这一世人做得也太没有意义了。

所以我的意见是：**年轻时狠狠爱，爱够了好好过日子。**

对于爱情的未来，我们不要去作过多预测，未来迟早要来，但绝不是现在就能计划好的。很多女孩在刚刚恋爱时，会对未来作全盘计划，但等一年、两年甚至十年后，她会发现，原来自己从前的计划都不过是做梦……所以，当爱时，请尽量地享受爱；而当未来到来时，谦卑地接受它。

很难，但人生，不就是很难吗？

第三部分
懂得爱情心理学，轻松嫁出去

这世上并没有剩女，只有剩女心态。什么是剩女心态？一个字——“怕”。还没出家门就怕认识坏男人，才认识就怕不够爱，才恋爱就怕不能结婚，还没结婚就怕离婚。俗话说，兵来将挡，水来土掩，婚姻就是不断出现问题和解决问题。你还没开始就怕结束，那就一辈子待在起点，寸步难行。

第一章

与其被剩下，不如拼一拼

一

恋爱时间越长，成为剩女的可能性越大

雨涵是一个老姑娘。说她是老姑娘，其实也不算太老，今年不过29岁，如果硬要算小一些，那么还可以说是28岁几个月吧。

雨涵并不是没人要的，事实上，她在大学里就挺受欢迎。虽然算不上校花，但也是有好几个追求者的那种。

有些女孩可能会有类似的经验：当你一直都在被男生追时，心态就会变得很好。无论你是否谈恋爱，但只要有追求者，就会自信满满，很少有自卑、低落之类的情绪。

雨涵对爱情是有些梦想的，她希望自己这辈子就谈一段恋爱。她梦寐以求的爱，是从一而终，是和一个人“执子之手，与

子偕老”。

这大概是许多女孩在年轻时共同的想法。但随着时间的推移，许多人受到现实的教训，才明白，这其实是很难做到，甚至是不可能的。

不过年轻的时候，又有几个人懂呢？

雨涵就是在不懂的时候，谈了第一场恋爱。她和大学里的男同学，谈了一场八年的长恋。一直从学校谈到对方读研究生再到工作，从青葱年华一直到现在被人称为老姑娘。这场恋爱谈得真像是一场梦，只不过美梦一半，噩梦一半。

在大学的时候，两个人都懵懵懂懂，不知道什么是爱情，稀里糊涂的就在一起了，谈了三年多的恋爱。确实，两个人感情越来越好，到毕业的时候，同学们纷纷分手，可这两个人却在别人羡慕的眼光里商量好了未来大计。

雨涵是本地人，毕业后家里已经安排好了工作。而男友是外地人，两个人异地分开，那对将来肯定有伤害，所以男友决定留校读研，研究生毕业后再在当地找工作，以后就扎根在这座城市。

所以两人分工合作，雨涵进了事业单位，找了个旱涝保收的工作，而男友则顺利考上研究生。在男友读研的三年时间里，两人的感情进入了平稳期，甚至租了房子同居，双方也都见过了父母，基本上准备男友毕业工作后就结婚。

当然，这三年里，雨涵有工作，薪水不少，而男友一个研究生穷得叮当响，所以雨涵平时把薪水都存在两个人的共同账户里，一起存钱一起花，说是她养着男友也可以。

在当时，雨涵觉得这并没有什么，毕竟是小两口，花谁的钱也都一样，等男友毕业，自然可以赚大钱。

所以三年里，雨涵省吃俭用，倒是存下了几万块钱，准备之后结婚用。对女人而言，能够实现一辈子只谈一次恋爱的梦想，就已经是心满意足了。

男友研究生毕业后，找工作却有了麻烦。他本身是学新闻的，本地传媒虽然招收研究生，可如果没有关系，也是很难进的。

他是个外地人，一点关系也没有。雨涵的家人倒是认识一些人，但毕竟名不正言不顺，还不是女婿，更不好太用力帮忙。

所以他工作的事情，变得很麻烦。男友毕业后的豪情壮志被一点点磨灭。直到有一天，男友跑来说，有个跟媒体相关的公司，老板很看好他，准备跟他签约，但要他自己买相机什么的设备，于是就把两人共同账户里的钱都提空了。

雨涵心里当然有些不高兴。那些钱都是她省吃俭用存下来，准备结婚办喜宴用的，现在一下子就用光了，就像是几年心血白费了。

女人对于婚礼总是抱有幻想的，觉得那是人生里最重要和不可重复的事情。但对男人来说，还有什么比事业更重要呢？

男友进了那家公司后，倒是顺风顺水，据说女老板挺看好他，连着加薪水，没过一年就管起了小部门，事业算是稳定了。

这时候，两人的恋爱已经谈到第七年，家人和朋友都觉得该结婚了。但不知道为何，男友却开始推三推四，一会儿说事业还没成功，一会儿说不能拖累雨涵。

我们在第一部分里曾说过，当男人开始找借口时，十有八九是有了别的心思。

雨涵当时还没有反应过来。他们都好了七年，比夫妻还夫妻，怎么会想到男友心怀不轨呢？直到有一次放假，雨涵回家住了两天，男友则留在他们租的房子里。

两天后雨涵回来发觉，房里根本就没有睡过人的痕迹，她走的时候床怎么样，回来的时候还是怎么样。这时她才疑心起来，问男友，他说是去单身男同事家看了两晚的球。

雨涵多了个心眼，在接下来的日子里仔细观察，还去了趟男友的单位。这不查不知道，一查吓一跳。原来雨涵的男朋友早在几个月前就已经和女老板搞在一起了，这事情公司上下都知道，并对这个男人十分鄙夷。

男友研究生毕业，不过二十多岁，而女老板已经四十出头，离婚后带着一个儿子，儿子都上高中了。这两人除了没有住在一起之外，同进同出，同吃同喝，都不避讳外人。

雨涵差点没气晕过去。她去质问男友，那个男人居然丝毫没有抵赖，供认不讳，并且直言要分手然后跟那女人住一块。

分手哪有这么容易，多年的感情，全部身心的寄托，两家人几乎成了一家人，而且雨涵根本就没有想过嫁给其他人。

来来回回的拉锯战，差不多又拖了一年，最后两人还是分手了。八年之恋，到头来一场空。

这样的经历，15%的姑娘都曾经遇到过，所以我经常劝大家，恋爱不能长，最多三年必须要结婚，超过五年而没有结婚的苦恋，结局往往都不好。

关于长恋，我们之后还会专门说。

总之，雨涵分手后，情绪一直不好，满脸冒痘，痘痘又结疤，变成痘痕，整张脸就像毁容了一样，她就更加不敢出门了。

一直到现在，雨涵还没有从伤害中恢复过来。再过几个月她就29岁了，30岁的大关近在眼前，雨涵的父母都急坏了。母亲好几次都偷偷抹眼泪，觉得女儿被人骗了，很可怜，而现在年纪大了，更不知道该怎么办。

亲戚朋友来，都唏嘘一番，然后就说："得给雨涵找对象啦，不然就变成剩女了。"

剩女这字眼，近几年来被媒体炒得火热，家长们谈剩女而色变，似乎女孩子只要年纪一大就成了剩女，以后就一定嫁不出去了。

所以当一个女人被贴上剩女标签后，立刻就在众人眼里贬值，旁人纷纷介绍各种不靠谱的对象，仿佛嫁人这桩事情，就成了女人人生里最要紧的课题。

雨涵想不通，她不知道自己怎么会成了剩女，也不知道为什么非要结婚不可。她的朋友正好跟我很熟，于是就相约着来找我。雨涵只想问问，自己是剩女吗？

二

爱情里一定会遇到的一百个问题之十九：你是剩女吗?

什么是剩女？2005年后才正式出现这个词，2007年教育部把它定位为汉语新词。一般来说，剩女指的是28周岁以上，学历高、职务高、眼光高而没有找到合适的结婚对象的女人。

从社会意义上来说，已经过了适婚年龄，而那些同龄人早已被挑走当老婆，被剩下来的女人，统称为剩女。

雨涵是剩女吗？你是剩女吗？如果从这个解释上来看，似乎是；如果从家人和亲戚朋友的眼光来看，似乎也是。

但我告诉你们，剩女其实是一种社会歧视，是社会对于不按照它的规范行事的人的一种惩罚。

从社会规范来看，女人在28岁前就应该结婚，但你没结婚，所以它就要惩罚你，为你贴上一个侮辱性的标签。

我在《婚姻是女人一辈子的事》这本书里曾写过一个“被剩女”的形成规律——

首先是你谈一段恋爱，然后失恋受伤，接着很长时间都对男人失去信心，然后周围开始有人说你是剩女，接着父母安排你去相亲。你本来对自己很有信心，觉得根本不需要通过相亲来找对象，但被逼着去相亲后，才晓得不是那么回事。那些你明明看不上的男人，居然敢率先看不上你。

而且这不是个例，一次次相亲，一次次被很烂的男人嫌弃，然后你的自信心会跌到谷底，你会觉得，自己可能真的有那么差，真的是一个剩女。

于是你开始降低要求，不断地委屈自己，直至把自己嫁出去。

这并不是剩女，而是“被剩女”。

我想要告诉你们：其实每个女人都是有不嫁人的权利的，也是有好好选择的权利的。

嫁给不靠谱的男人和剩着，哪个更好？

就算剩一万年，也比嫁错人更好。因为当你错爱一个人后，会为弥补错误而想办法和他结婚。错嫁之后，又想方设法去管他。管不住后，又会用生孩子来绑住他。最后离婚时，你没有青春、没有事业，只有一个孩子。这是最坏的人生，大概没有比这更坏的。

所以好好地选择是正确的。而对于像雨涵这样的女孩，她们因为一段苦恋而错过了嫁人的最好季节，并不代表从此以后就成了剩女。

怎么样才算剩女？我告诉你，不是因为你的年纪，不是因为你的学历，不是因为你的条件，不是因为你眼光高，而是因为你有剩女的心态。

没错，如果一个人没有剩女的心态，就不会是剩女。

这世上并没有剩女，只有剩女心态。什么是剩女心态？一个字——“怕”。还没出家门就怕认识坏男人，才认识就怕不够爱，才恋爱就怕不能结婚，还没结婚就怕离婚。俗话说，兵来将

挡，水来土掩，婚姻就是不断出现问题和解决问题。你还没开始就怕结束，那就一辈子待在起点，寸步难行。

对婚姻和爱情产生了恐惧感，这就是一种剩女心态。如果你不怕，那么只要走出去，就一定有机会。

而像雨涵这样，对于爱情已经害怕了，她生怕自己再遭到男人的伤害，怕自己被一次次地玩弄，所以不敢出门，不敢见男人，这就是真正的剩女。

当你还在不断地尝试时，不管遇到什么挫折，你总归会有收获，而没有可能最终被剩下。但要是一步都不敢走，或者走一步退一步，那你必然是一无所获。

幸福就在前面，途中有荆棘坎坷，你怕受伤而不敢前进，就一定拿不到最后的果实。这一路上你所受到的伤害，都是皮外伤，而最后得到的幸福，是灵魂上的幸福。

三

爱情里一定会遇到的一百个问题之二十：怎样才能让家里人不逼婚？

雨涵听了我的话，终于明白了周围的人在着急什么。

其实许多人跑来问我：怎样才能让家里人不逼婚？

解决方法很简单，你看了上面一节后就会懂得，家人着急的并不是你嫁不出去，而是你没有嫁人的动作。

也就是说，只要你有一个积极的态度，给家人一个心理安慰和心理暗示，就不会再有人逼你。

奶爸的爱情心理学告诉你：家人担心你是剩女，并不是因为你已经成了剩女，而是一种对未来的恐慌。你要多给家人暗示，多出去约会，让家人心态转好，这样才不会被逼婚。

雨涵想明白这一点，也就不再奇怪为什么家人亲戚会着急。她失恋之后天天宅在家里，脸弄得像是毁容了一样，自然给人一种永远都嫁不出去的感觉。

所以雨涵决心改变。她很积极地和朋友们相约出去玩，还有从前的同学，也一个个地联系起来。

雨涵的积极，当然有了不错的回报。她的活动越来越多，基本上每天晚上都会出去玩，也认识了好多朋友，大家都信誓旦旦地说要替她介绍男朋友。

有时候成为受害者的好处，就是可以获得更多同情。同学和朋友都知道雨涵之前的苦恋，都替她不值，在骂那个贱男的同时，自然而然地也要给雨涵介绍好男人。

但说是好男人，其实也很少。

每天参加各种活动，雨涵奇怪地发觉，和自己在一起玩的，要么是未婚的小姑娘，要么是已婚但还没生孩子的少妇，或者已婚的男人。

未婚的男人有没有？当然也有，但平均年龄还不到25岁，都是青春洋溢的小孩子，不仅没有结婚的可能，而且他们还不缺女朋友。

雨涵整天玩得不亦乐乎，但几个月下来，她却发觉，虽然认识了那么多人，可谓夜夜笙歌，但自己的问题并没有解决，男朋友还是没有。所有人都是嘴上说得很好，要给她介绍，但实际都没有动作。

所以雨涵又转了个方向，答应家人的相亲要求，并在国庆长假期间突击见了四五个人。原来以为交朋友不靠谱，相亲都是亲戚介绍的，应该靠谱，可是谁料到，来和雨涵相亲的人，要么是四十多岁的离异光头男，要么是张口就要先生个儿子的垃圾男人。

几番折腾下来，时间花了不少，进展却是一点都没有，搞得雨涵严重怀疑人生。她又想不通了：现在自己已经没有剩女的心态，也积极主动地去寻找，她的外表、工作各方面都不差，要求也不是很高，只要正常人就可以。

可为什么就难以成事呢？难道自己真的成了剩女了？

雨涵百思不得其解。她身边不少朋友也有同样的困扰，于是都来问我。

不是说只要没有剩女心态就不是剩女吗，可为什么还是会嫁不出去？

四

爱情里一定会遇到的一百个问题之二十一：你为什么嫁不出去?

几乎每次出去作讲座，都会有人问这个问题。当然，我每次的答案可能都不太相同，而且尽可能地含糊而过。许多人听完之后觉得有道理，但似乎又感觉没有说透。

不是不能说透，而是真相太过残忍。

这几年，我一直在研究各种数据，试图从统计中得出结论。而最终的结果非常灰暗，而且这结果会持续影响未来几十年的婚姻架构。

你为什么嫁不出去？是因为整个社会男女结构的变化，使得有相当一批女人势必嫁不出去，而这一批的数量，未来可能会以千万计算。

也就是说，相当一批人嫁不出去是正常结果、是必然规律，而想要嫁出去反而是需要花心思、花时间去努力的。

大家可能会觉得奇怪，国家的统计不是一直在说男女比例失衡、男多女少吗？新闻上到处在传，说什么什么时候，就会有几千万男人打光棍，女人完全不用愁。怎么这会儿结论恰恰相反了？

按照我国第六次人口普查数据来看，男女比例是105∶100，基本上是正常的。而目前中国新生婴儿的男女比例，是117∶100。

如果站在女方立场看，这个数据是很乐观的，也就是未来二十多年后，有大量的男人会找不到配偶而打光棍。

统计学上确实是这样的，但放到婚恋这件事情上，最后的结果也如此吗？

可能恰好相反。

要研究婚姻和爱情，首先我们要知道，爱情它是怎么样的。无论男女，爱情的起因都是感官刺激，而这感官刺激一般包括外表、装束、性格、爱好等。

对男人来说，他们对外貌最敏感，所以只要是美女，不管这美女处于什么阶层、做什么工作，都会有人爱。

而对女人来说呢？她们对感觉最敏感，而所谓的感觉，是外貌、性格、爱好的综合体。也就是说，女人要爱上一个人，必须是这个男人有相应的审美和价值观，有好的性格和不错的外表。

简而言之，女人的爱是有阶级性的，女人只会爱上审美观、价值观与自己相应或者超过自己的男人，而对比自己差的男人产生不了爱情。

举个例子，我们看电影，往往会发现只有灰姑娘而没有灰男人，麻雀变凤凰的主角永远是女人而不是男人。

没错，一个王子可以跨越几个阶层，去爱上女仆，只要这个女仆够漂亮；而一个白领女人却很难跨越一两个阶层去爱上普通的蓝领男人。

这就是爱情世界里的现实。

所以对于婚姻爱情来讲，男女比例的统计，必须是分阶层的。譬如说，白领阶层内，男女比例是多少；蓝领阶层内，男女比例是多少。

我打个比方，如果将一百个中国人分成三个阶层——领袖、白领和蓝领，那么将会形成一个金字塔。

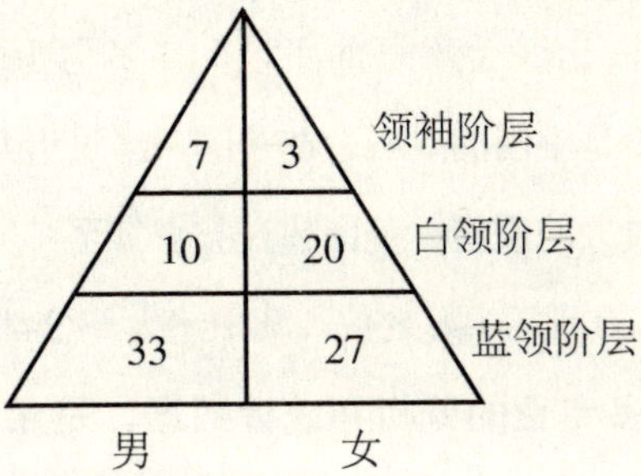

在最顶端的是10个人组成的领袖阶层，男女比例是7：3，7个男人，3个女人。

接下来是30个人组成的白领阶层，男女比例是1：2，10个男人，20个女人。

最底下是60个人组成的蓝领阶层，其中33个男人，27个女人。

蓝领阶层中的女生是最好嫁的，因为她们处于一个男多女少的阶层，而且不少人会被上面两个阶层的男人选走，几乎没有剩下来的。

而白领阶层的20个女生就难很多了。她们可以选择的范围是白领和领袖阶层的17个男人，而这17个男人中，至少有7个会去选择蓝领阶层的女生，最后只有10个人尚可选择。这就形成了1：2的男女比例，2个女人才有1个男人，这就是剩女形成的原理。

而最麻烦的是领袖阶层，她们原本只有很小的范围可选，而整个领袖阶层的男人几乎很少在本阶层内选择女人。

因为男人有征服欲，他们要找比自己弱小的人来征服，所以会跨阶层往下寻找。正因为如此，我们可以看到，那些特别优秀而年龄超过35岁的女人，几乎很难出嫁，除非是明星。

这就是为什么我们所见到的越是优秀的女人越难嫁出去的原因。阶层的分割，让好女孩一直都陷入女多男少的窘境。

这个问题并不是中国的专利。在美国，经过近几十年的发展，剩女阶层已经达到很大的规模。美国超过35岁甚至40岁还是单身没有结婚的女士，有2000万到3000万之数，其中绝大部分都是白领阶层。

我写了这么多专业的分析和统计数据，是希望打消掉很多人心里的一个幻想：

你并不是一定能嫁得掉的，如果你坐在家里等，觉得迟早有一天爱情会从天而降，那么你一定会失望。因为在你的阶层中，有超过一半的女孩会嫁不出去，至少有三成终生都要单着过。

这已经是一个必须积极主动才能改变命运的战场，你等待、被动和守候，就会成为单身的那一部分。虽然单身一辈子也没什么不好，但这应该由你自己作选择，而不是被推到那一步。

如果你打消掉了内心的那一点点幻想，就会明白，其实要嫁出去，已经成为了一件必须积极主动付出努力才会成功的事情。

现在，再回过头来说，为什么雨涵老是遇不到可以嫁的人，为什么她的身边没有适婚人群？

因为对雨涵来说，已经面临了两个巨大的阻碍。

第一个，是我们刚才说过的：女孩本身太好，层级太高，可选择的对象就少。雨涵大学本科毕业，处于我们向来认为的白领阶层，两个女孩选一个男人，这是第一难度。

第二个，是年龄。雨涵现在28岁，即将29岁，我们一般都认为，男生要比女生大几岁才相配，否则又会冠以姐弟恋的称谓，所以雨涵再怎么也得找30岁以上的男人。

可是请大家互相观望一下，谁的身边还有30岁以上未婚并且想结婚的男人？少之又少。

我们不能说没有，或许是有的，但一般分成两个类别：一类是好到极品，根本没什么人可以相配，他们完全不着急，也不想结婚；另一类是差到极品，身上的问题根本就不可能忍受。

除此之外呢？大家都想找正常男人，可是正常男人都在28岁左右结婚了，很少有哪个男人到30岁没结婚连女朋友都没有。

我常说，一而再地说，女孩子要在26岁前把未婚夫搞定，就是因为那时候的女人最灿烂辉煌，而男人28岁左右是人生最低谷，这时的权利倾向于女方……可很多女生就喜欢听人忽悠，说女人只要强大，即使30、40岁还是有人要。可到那时，别人管给你找老公吗？

关于女人的人生抛物线和26岁时女人生命最灿烂的论述，大家可以查阅《婚姻是女人一辈子的事》，在这里我不赘述了。

总而言之，对女人来说，时间是个让人爱恨交加的东西。它可以使你更优秀，让你更有内涵，让你更沉稳，使你更有魅力。但同时，它也夺去了你最好的青春，最好的年华，最多的激情和爱的能力。

女人想要成为最美的新娘，想要选到一个完美的丈夫，已经不再是等待的时候，也不是“酒香不怕巷子深”。

手快有，手慢无，你错过了，那机会就是别人的。

在这个时候，已经不能等待，必须马上开始。

第二章

让你嫁出去的捷径

一

勇于从嫁得好的闺密身上学习经验

雨涵有几个闺密。作为土生土长的本城女孩，往往都会有几个从小学一直到初中、高中的死党。虽然她们上的大学不一样，但都留在本城，平时自然难舍难分，玩在一起。

这样的死党闺密，彼此之间都知根知底，连对方什么时候第一次来例假，什么时候第一次穿胸罩都可以如数家珍。

雨涵和另外三个女孩就是这样的死党，从小到大，雨涵都是四个人里的核心。倒不是雨涵有多么强的背景或者多漂亮，而是她一直都有点男孩脾气，爱讲义气、好打抱不平，所以是带头大哥的地位。

虽说在感情问题上，雨涵吃了个大亏，但实际她的性格还是很男孩子，平日里闺密有什么事情，都会来找她商量，把她当做依靠。

小时候是这样，长大后读书了也是这样，甚至到工作了还是这样。但雨涵慢慢发觉有些不对。

为什么呢？虽然大家都以她为核心、以她为依靠，但到了现在，三个闺密的日子似乎都比雨涵过得好。

虽说平日里，大家都跑到雨涵这边来哭、来倾诉、求安慰，但其实最惨的人是雨涵。她八年苦恋被甩，她被劈腿，她感情、工作双失意。

而那三个家伙呢，有的工作极好，有的嫁了超级好老公，还有一个嫁入豪门，最早结婚的那个连小孩都有了，现在正筹备生第二个。

究竟是谁强谁弱呢？谁才是自己生活的主人呢？

我以前经常说，婚姻是女人第二次投胎，是一次重生。但很多人不愿意相信。其实，我们不需要相信，只需要观察就好了。

请你仔细去看看，那些结了婚的女人，是不是和从前大不一样，她们的整个人生是不是都有变化。

看看你身边，原来家里很穷、读书工作都不怎么样的女孩子，是不是嫁了人之后，似乎日子过得越来越好，房子住起来，车子开起来，孩子养起来了？

而那些从小就是公主，长得好看、读书好、各方面都很出色的人，因为遇人不淑，感情波折，而越来越憔悴，路越走越窄了？

女人当然不需要靠结婚来改变自己的命运。但对女人来说，如果婚姻可以锦上添花，让自己活得没有那么累，可以让自己过得更舒服、更自在，为什么不呢？

当一条鸟语花香的捷径出现在面前时，为什么要去走那条泥泞小路呢？最后通向的目的地是一样的，我们没有必要让自己吃苦。

雨涵想通了，发现自己其实是四个女孩中最笨的一个，就有些郁闷了。她也不懂自己为什么会从带头大哥落到这种地步。于是她好好地回忆了一下，那三个闺密究竟是怎么找到老公的。

闺密小靓，是四人中最爱打扮的。在男人看来，小靓一定是四个人里长得最好看的，所以每次去酒吧，花蝴蝶一样的小靓一出现，周围男人的目光都会被吸引过去。

但其实雨涵她们都清楚，小靓从小就是丑小鸭，长得很一般，只不过上大学后，不晓得脑袋里哪个窍开了，突然变得很爱漂亮，又是学化妆，又是学服装搭配。现在成了美容达人和服饰达人，每次出门化妆都要两小时。用雨涵她们的话说，真是妆前妆后两个人，童叟无欺。

但小靓却是四个人里嫁得最富贵的。她老公是个富二代，家里几幢豪宅，出入都是跑车，过个生日都能送辆奥迪Q7。小靓也不用上班，整天就是开车接雨涵她们出去玩。

二号闺密小郤也是个挺普通的女孩子，家世背景、外表条件和雨涵都差不多。小郤的特点就是急性子，整天急吼吼地冲来冲去，做事情也没个长性，每年都要跳槽换工作。家人看到小郤，都会摇头说这孩子太浮躁，做事情没什么出息。

但偏偏小郤是她们中月薪最高的，也是结婚和生孩子最早的。在职场上，跳槽越多的人薪水越高，这点就不用多说了。

在感情问题上，小郐却让雨涵极为郁闷。因为小郐和雨涵一样，都是“执子之手”的信徒，都希望人生只谈一次恋爱，所以她们都是在大学里交的男朋友，几乎是同一时期交往的，谁也不比谁优胜。

最大的差别是在大学毕业时。所有人都面临着同样的问题，雨涵他们虽然没分手，可觉得结婚还早，也要相互再看一下发展，所以雨涵去工作，而他男友读研。

小郐才没这耐心，她一毕业就死拉活拉地抓男朋友去登记结婚，一年后办了婚礼。两个人在本城各自找工作，小郐年年跳槽，而她老公一次工作都没换过。

想当初结婚的时候，没有人看好他们，甚至连小郐的父母都做好了女儿离婚的准备。但几年之后，小郐生活幸福，小孩健康，而她老公俨然成了分公司的副总监。这时候大伙夸小郐眼光好，选了潜力股，可雨涵她们都清楚，这全都是撞上的。

小郐和小靓这两个家伙，条件和雨涵差不多，可能运气好一点，过得好一点也就算了，最让雨涵郁闷的是另一个闺密小兰。

小兰在四个人中真的算是条件奇差的一个。她的家庭背景很不好，从小就没了母亲，由父亲一手拉扯大。父亲带女儿，往往都很难照顾好，所以小兰一直以来都是缺吃少喝，还不断靠着雨涵她们帮忙。到大学的时候，小兰家居然连学费都不太凑得出来，又是几个闺密一起帮忙，才让她上了本地的一个大专。

从外表讲，小兰挺不好看的，跟三个姐妹之间的差距真的不是一点两点。小靓有时刻薄地说，小兰就算整容也整不出来，这辈子要嫁人都很困难。

但就算是小兰，也在大前年结婚了。虽说她学历不高，工作不好，家庭条件更差，但她却很清楚自己的困难，所以对老公的要求不高，或者在别人眼中看起来低到简直没有要求。

其他几个闺密都想要找本地人，就算不是本地人，也得在本地工作，然后要大学毕业，有正经工作，然后就算不是才貌双全，也得不是很难看。

小郤找的潜力股，小靓找的富豪，就算雨涵的前男友，那也是研究生。

但小兰呢，她居然找了个务工人员。直白点说，就是找了个民工。

这件事情，当初闹得沸沸扬扬。小兰自己倒是怡然自得，她爹也没个主意，可几个姐妹却都炸了窝。虽然小兰自己条件不好，但怎么说姐妹团也都是响当当的人物，怎么能看着她嫁个民工呢？

大学毕业，又是本城人，你就算找不了公务员，那小白领总要找一个吧？

可小兰偏不。她很清楚以自个儿的条件，要找到让大家伙满意的人总是很难。虽然男朋友现在是个民工，但并不是甘愿一辈子当民工的。他也有自己的志向，当然也会有更好的生活。

于是在一片反对声中，小兰幸福地嫁给了现在的老公。那男人没房子，就住在小兰家里，俨然倒插门的样子。

三个闺密都不看好这门婚事，甚至一度不愿和这男人搭话。可就在结婚后，这男人却发愤图强起来，先是报了网络课程，自学电子产品的维修，然后去电脑城给人打工。

一年到头来，居然还不错，算是赚了点钱，也不比白领差了。等到第二年，电脑城的老板做大，居然让这男人管一个分店，也算是经理了，而函授课程考出了文凭，这个男人总算是令人刮目相看。

再过了一年，他就从电脑城辞职，自己搞起电子维修的小生意，也租了个摊位，当起了小老板。虽然还没有发财，但小兰家的生活水准却已经有了天翻地覆的变化，也让人感叹不已。这人果然不可貌相，也不能随便低估。

雨涵看到身边的三个闺密，无论是貌美貌丑，无论家庭条件如何，都成功地嫁了出去，而且似乎嫁得都不错，她就更加郁闷了。

终于有一天，她忍不住来找我，希望能得到答案。

二

爱情里一定会遇到的一百个问题之二十二：什么样的人能成功嫁出去？

雨涵的问题初看是很好笑——什么样的人能成功嫁出去？

好像所有人都可以嫁出去吧，所以这个问题似乎不成立。但如果你和雨涵一样，已经错过了最好的年纪，或者老是受伤害，或者一直宅在家里，或者身边已经没有了适婚的男人，那你会不会也有类似的疑问呢？自己老是找不到合适的人，却总看到条件不如自己的人嫁得很好。

究竟什么样的素质，才能让你又快又好地嫁出去？

在这个世界上，当然有一些女孩是很顺利的，嫁人对她们来说，根本不算个事，可能只有恋爱才是难题吧。

那么这些女孩都有些什么特征呢？我作了很多数据分析，归纳出以下五个特征：

1. 要求越低越好嫁。

这类女孩本身条件可能比较一般，所以对老公的要求也不高，而这种不高，可不是女孩口中所说的“没什么要求”。当她可以接受外地人，可以接受没学历，可以接受没房子，可以接受外貌不好，甚至可以接受务工人员时，那才叫没要求。

像小兰就属于这类女孩。当然，小兰是幸运的，她老公很上进，逐渐改变了自己的命运以及家庭的命运。

对于绝大部分这类女孩来说，婚姻是有保障的，但条件并不会好到哪里去，无非是平平淡淡地过自己的小日子，有时会羡慕别人，但也安于自己的生活。

2. 手快有，手慢无。

这类女孩子的特点就是着急，譬如小郃这样，不管做什么事情都会迅猛冲锋，根本不考虑后果。

虽然她们有时候会吃亏，但绝大多数时候，你会发觉，在一个劲地猛冲之下，居然真的可以打开一条路，而且这条路往往都不错。

为什么着急的女孩子往往会过得不错呢？因为我之前说过，女孩子的黄金时期是26岁，在你年轻的时候，可以得到最好的东西，而你身边的男人也都还年轻，他们正处于低潮期。越是年轻时出嫁，往往会得到越好的。

为什么这样说呢？因为我们看到，70%左右的男人，在婚后的30到40岁之间，会有事业的飞速发展。几乎都没什么例外的。也就是说，你只要在年轻的时候成功嫁出去，就有七成的可能性未来会过得很好，而离婚啊、过得很糟糕的概率，大概是三成。

小郤虽然看起来很无厘头地毕业后就结婚，但首先，她嫁了一个谈了几年恋爱的男人；其次，这个男人受过高等教育；然后在婚后，她也可以管住这男人，让他上进。所以虽然看起来风险很大，其实并不然。

要记住，对女人来说，婚姻最大的风险，并不是快，而是拖，一拖就会越来越糟糕。

3. 长得好看。

这类女孩就不用说了。百分之百的男人都是“外貌协会”的，都会喜欢美女，所以绝大多数美女都是很好嫁的，除非你已经到了一个男人无法驾驭的层级。

但值得注意的是，男人眼里的好看和女人眼里的好看是截然不同的。

女人的审美，是细节的审美，是原生态的审美，是看一个人的皮肤、五官和骨架好不好，是看感觉好不好，这是一件很琐碎的事情。

而男人看女人呢，看的是修饰之后的美感，看的是一个性吸引力，这就是一种雌性美感的诱惑。能够让男人有性冲动，那就是一种女人的美感，和细节关系并不大，反而和修饰有关。

所以化妆和装扮就变得尤其重要。小靓就很懂得这一点，所以底板并不见得多好看的她，反而成了几人中最美的一个，也嫁得最风光。

4. 特别，柔而不弱。

这类女孩不一定好看，要求也不一定高，下手也不一定快，但身边永远围满了男人。为什么呢？因为她们总是需要人帮助。

现在很多女人，觉得男人靠不住，所以一切都自己来，什么都不需要别人帮助。这看上去是独立自主，实际上却是社交恐惧症。

女人把自己雄性化了，一切负担都由自己来抗，那么男人还会不会把你当成女人呢？当然是把你当做兄弟啦！

但那些女孩子呢，她们总是有完不成的事情，总是要麻烦别人。但很奇怪的是，她麻烦别人，却不会令人讨厌，反而会让男人喜欢她。

为什么呢？因为你要知道，所谓社交，就是要和人产生关系，而请人帮忙是一种非常明智的产生关系的方式。

男人的潜意识里，是非常渴望征服异性的。这种征服在平时的生活里，就变成希望取悦对方，希望为对方做点事情，这就是——他来帮你的忙。

很多女孩以为，爱一个人就不能让对方麻烦。这是大错特错的，因为爱情就是一种付出，而被爱就是对方对你的付出和取悦。

他不为你做事情，不是爱的表现，而是不爱的表现。而他为你做事情，才是一种好感的表达。

你越是需要帮助，就会有越多的人来帮助你，而你掌握的力量就越大。这就是柔而不弱。

靠你自己单打独斗，一个人死做活做，仿佛很强大，其实别人一个眼神就能搞定。你这就是弱而不柔。

5. 勤快。

如果以上所有的素质你都没有，那么毫无疑问，就只剩下一条路，那就是勤快。

天下万事万物都有难题，唯有勤快的人能解决所有难题。正所谓勤能补拙，只要做得多，总能撞到一个机会是你的。

当你没有任何优势的时候，请你尽可能地勤快起来，去做一切可以令你找到好男人的事情。出去玩、见人、约会、要求别人介绍、相亲、上婚恋网站、去本地婚介、让同学引荐、混IT群，甚至是换工作到IT企业去。

我的案例中，就有一个女孩子本来是主管级的白领，但因为大龄难嫁，所以辞职去了一家IT企业当前台。大概三个月后，她就成功地嫁了该公司的副总监，然后再辞职去做自己的工作。

你要相信，一个人勤快起来是无敌的。

三

女人为什么需要化妆?

雨涵是不愿意化妆的。倒也不是不会，当年小靓去学化妆，雨涵也是一起的，所以她还比较有底子，单位年会要她做主持，她也懂怎么把自己的脸弄得好看一些。而在别人看来，雨涵化完妆之后的确是个美女。

但雨涵确实不爱化妆，也不喜欢护肤。她总是觉得用外物来涂自己的脸很不自然，一方面伤皮肤，另一方面也感觉很假。

至于护肤啊、面膜啊之类的，雨涵觉得太折腾了，还不如原本怎么样就怎么样，纯自然。

她这一套，在前几年确实挺没问题的。因为本来就年轻，底子又好，而且还有男朋友，所以看起来特别开心，满面春风，自然不会难看。

但长时间有男朋友，往往会给女人带来一个恶习，就是会变懒。

有时候懒得化妆，有时候懒得护肤，有时候懒得弄头发，有时候懒得买衣服，甚至还有懒得洗衣服的。

所以当你好几年都没换男朋友，就会显得蓬头垢面，越来越黄脸婆。而有些女孩一分手，就会穿漂亮衣服、化妆出去玩。所以，她们会很惊讶地发现，自己有男朋友的时候没有桃花运，而没有男朋友的时候到处都是追求者。

雨涵对男朋友太过放心，从来都没想过不结婚，所以对自己的要求越来越低，打扮各方面都成了浮云。这也是她男朋友出轨的重要原因。

在分手的时候，那个贱男曾经说，虽然女老板四十岁了，但每天看起来还不到三十。而雨涵明明二十多，却像是个三十几岁的大妈。

只可惜这句话没有点醒雨涵。她沉浸在分手的悲痛中，完全被情绪控制住，不要说什么打扮化妆了，就连床都懒得起。

分手后的那几个月，雨涵过的简直是地狱式的生活。她每天都蓬头垢面，也不怎么吃喝，有时候脸都会忘了洗。而巨大的情绪挫折，让她满脸冒痘痘，这些痘痘又变成了疤痕，还留下了黑色素沉淀，最后脸就像被毁容了一样，根本没法见人。

就这种状态，她还不晓得去弥补，整日活得稀里糊涂的。

结果呢，可想而知，在这个残酷的现实社会里，雨涵基本上没有收到什么同情，反而有越来越多的打击。

在分手之前，她身边还有些狂蜂浪蝶，甚至有一个从大学时期就开始暗恋她的人，听说她分手后，确实掀起过一些波澜。但那些男人看到雨涵像是被毁容的样子，瞬间就消失无踪了。

最打击人的是那个暗恋她多年的同学。闺密们觉得这种长情的人应该可以治好雨涵的情伤，所以死拉活拉地带他们两个约会。没想到那同学看见雨涵满脸黑点，顿时就傻了，之后竟埋怨起人来，说不该见面啊、破坏了美好的回忆啊之类的，把闺密们气得当场就赶走了他。

这些感情上的事情，雨涵倒还不太在意，但很快，她就发觉在工作上也出现了问题。雨涵待的是个事业单位，这种单位倒是不需要什么能力，只不过领导喜欢谁，谁就比较出风头一些。

雨涵当时作为美女大学生，在单位中很是受宠了一阵。领导每次见客人，都要把她带在身边，而每年的年会，都要她挑大梁做主持。所以，雨涵在单位过得很舒服，迟到、早退都没人管，也不用去做很累、很繁琐的事。

容貌变了后，很多事情都跟着改变了。首先是公司的年会不再需要她，而是换了一个新来的女大学生。接着领导出去谈事也不再带雨涵，她彻底地靠边站。

如果只是这样也就算了，反正雨涵对这种事情也不感兴趣。但接下来，别人看雨涵不再受宠，就开始纷纷欺负她，不仅让她做吃力不讨好的事情，还时不时地打击讥讽一下。雨涵甚至好几次听到别人在背后叫她丑八怪，说她嫁不出去之类的。

活到那么大，雨涵还从来没被人叫过丑八怪。虽然她不是什么小公主，但也是闺密们的领袖，一直都是人群的焦点。

这件事情，对雨涵的打击非常大。她实在是想不通，只是受了情伤而不注重外表而已，为什么竟然会影响到她的工作和生活呢？

想一想领导和同事的鄙夷，想想那些追求者的反应，雨涵气不打一处来。她从小接受的教育，就是女孩子漂亮是没用的，只有内秀才有用，只有内在美、心灵美才是真正的美。

中国几乎所有这年龄的女孩子，都接受过同样的教育：心灵美重于外表美，内在美才是女人真正的美丽。

但事实上呢，社会上还不是看外表。你心灵再美，也还不如别人媚笑一下来得有用。

小靓还跟雨涵说了个本城的八卦。

城里有一家媒体招人，招聘广告上写明了只要硕士以上学历的。于是很多硕士、博士都去报名，一番龙争虎斗，大家都信心满满。但最后招聘结果一出来，所有人都傻眼了。

因为人家最后招的，要么是长得好看的，要么是胸大腿长的，而且那些女孩子都只有本科的文凭。

小靓说，现在长得好看就是有各种优势，自从她学会化妆打扮、做了微整容之后，整个人的运势都改变了。

化妆真的可以改变一个女人的命运吗？

雨涵不懂了，她来问我。

四

爱情里一定会遇到的一百个问题之二十三：化妆会改变一个人的命运吗？

雨涵问我，化妆真的会改变一个女人的命运吗？

我很简单地回复她：化妆不一定能让人过得更好，化妆可能让你不爽、让你不愉快，可能会伤害你的皮肤，但化妆确实可以改变一个女人的命运。

这是一件很无聊，同时也很无奈的事情。

为什么无聊呢？因为明明内秀的女人却依然要靠外表来敲开社会的门，要用美色来吸引别人欣赏自己的内秀，这就是一件无聊的事情。

但为什么又很无奈呢？因为这就是社会的现实，我们活在这个人和人相处的世界里，除非永远自给自足，不然就要受到别人审美观、价值观的影响。你不想接受化妆改变命运的事实，但事实就是事实，你不接受，而别人接受，别人的命运被改变，你的没有。这就是无奈。

有些女孩读研、读博，再职业培训，一生都花在读书上。但进入社会后发现，别的女人只须十五分钟化妆，就能抵消掉她们读了二十年书的优势。学历和美色哪个更重要？我也希望是学历，但这个世界就是认美色。

为什么呢？原因很简单，因为我们正身处一个浮躁的时代。什么是浮躁的时代，就是每个人都在忙碌，忙碌的结果就是大家都在表现自己、表达自己，而没有太多的时间去关注别人，去给别人机会。

简单来说，就是当你面临一个机会时，对方给你的时间，可能就只有“一眼”。匆匆扫过的一眼，就是你的全部机会，甚至可能是你人生里最大的机会。

这个浮躁的社会，就是这样没有耐心，他们不会去听你说什么，也不会分析你想什么，更不会慢慢地了解你。有些非常重要的事情，都系于一眼的扫描。

对方扫你一眼，你够好看，那么什么都好说，他会给你更多的时间，会有更大的耐心，会有各种机会。

而如果这一眼扫过，你不好看，那么基本上就完蛋了。哪怕你有传奇式的经历，有丰富的经验，有最多的知识，可是有什么用呢，别人根本不给你机会展示啊！

“一眼”决定人的机会、命运，这就是外貌重要的秘密。

不要提什么缘分，也不要说什么命运注定。当一件事情可以被改变的时候，就没有注定可言。

所以你必须要知道，机会就来自于你对外貌的修饰。一个美丽的人机会召唤率是百分之百，一个好看的人有七成，一个普通的人则只有三成，而一个灰头土脸的人不到一成。

外貌的重要性，远远超出你的想象。

有人说，这是鼓励女人当花瓶……恰恰相反，我认为现在大部分的女孩，就是肚子里的货太多，脸上的货太少，所以要反过来。读二十年书不如花十五分钟化妆，这不是我的观点，这是社会的现实。你推翻不了社会，就请改变自己吧！女人不需要改变世界，管好自己就行。

那么，我们是不是只需要外秀就可以了，内秀就毫无用处呢？

这个结论当然是错的，外秀和内秀各有作用。

我们身处一个浮躁的社会，所以需要用漂亮的外表来吸引目光，来吸引各种机会。但当机会放在你面前时，就需要用内秀去实现它。

也就是说，漂亮脸蛋、化妆和修饰是让你改变自己命运的，

而你的能力、知识和智慧是去改变一些事情和改变别人的命运。

如果只有外秀而没有内秀，那么你最多只能让自己过得好一些，却会一事无成；如果你内秀和外秀都具备了，那么你就可以有很多机会去做事情，让你变得更加丰富和更加强大。

很多人一直都在拒绝美丽，拒绝化妆打扮，认为这不过是表面功夫。但你既然可以用知识来装点自己，为什么不能用美丽来装饰自己呢？一点点的美丽，往往会比读几年研究生都有用，而需要花的，无非是几分钟而已……如果你的人生一直在拒绝美丽，那实际上，你拒绝的不过是女人这个身份。

请记住，外貌是一个女人对自己的审美，无论在任何时候，女人都不可以拒绝美丽，因为这是反人性的。

第三章

宅人的嫁人秘诀

一

越宅越难有“桃花”

雨涵失恋后，周围的人都替她着急。但她刚开始完全被失恋给控制住，所以整天待在家里，不愿意见人，更不要说谈什么恋爱了。

后来稍微想开了一点，也想要找新的对象，但还是宅在家里面，坐井观天，等着缘分落到自己头上。

后来闺密们说，宅人是没有前途的，更加不会有爱情落在你头上。

雨涵被闺密们拉出去参加了一场场的活动，还不断泡吧唱K，但和之前所说的一样，并没有真正的对象出现。

接着呢，亲戚朋友们开始给雨涵介绍相亲对象，一次次地把她拉到相亲的桌面上。

别说，相亲虽然看起来很不靠谱，却是成功率最高的，在第N次相亲之后，她终于遇到了一个不错的男人。

那个男人年纪快到三十了，有些胖，据说是个网络小说作家，因为没有正式的工作，也不经常出门，所以成了个不折不扣的宅男。

虽然很宅，但却有才华。虽然有时候不爱说话，可一说起来却幽默风趣。虽然长得有点胖，却又萌又沉稳。

雨涵稍稍有些动心。她现在对帅哥什么的已经失去了信心，所以宁可找个沉稳点的，也不要再被伤害。

两人在相亲过程里聊得甚欢，雨涵本来等待对方提出下一场的安排，可谁知道那男人笨笨的，喝完下午茶就支支吾吾的，也不晓得说什么，最后干脆就各自回家了。

回家后，雨涵有些摸不着头脑，感觉自己还蛮讨人喜欢的呀，而且对方也是两眼放光，一副有心有力的样子，怎么就没了下文呢？

于是雨涵委托介绍人去侧面打探一下。介绍人问了一番之后回来说，男人对雨涵非常满意，简直恨不得立刻就结婚。反正两个人已经交换了电话，到时候联系再约会就好了。

有了这番表示，雨涵的家人就放心了。雨涵也不再胡思乱想，就一心一意地等待对方的电话。

可是三天过去了，对方没有打电话。一个月过去了，对方还是没有打电话。三个月过去了，对方依然没有打电话。

雨涵的心情跌入了谷底，她再度怀疑自己、怀疑人生，觉得自己的魅力已经大不如前，连这种宅男小胖子都吸引不住，还谈什么未来。

这件事情被几个闺密知道了，大家一番讨论之后，还是小郤忍不住，干脆一个电话打去，问那小胖子，看他是什么意思，为什么之后再没有联系人家，是不是耍人玩呢。

在小郤的质问下，那胖子不急不慢地说，他也在等雨涵的电话，雨涵一直都没有约，所以就没了下文。

这桩事情真是又好气又好笑，几个闺密都笑疯了，小郤更是笑得满地打滚。她指着雨涵说："你们两个宅人，明明都有好感，就是谁都不肯主动约人，一辈子都在等对方的电话，难怪一个娶不到，一个嫁不出。"

雨涵顿时就郁闷了：我算宅女吗？我明明出去玩啊，每天都上班啊，每个礼拜都去唱K啊，都会去相亲啊，怎么算是宅女呢？

二

爱情里一定会遇到的一百个问题之二十四：你是一个宅女吗？

在《婚姻是女人一辈子的事》这本书里，我曾说过这样的话："找不到男朋友的五大原因：1．死宅；2．装女流氓；3．完美主义；4．忘不掉前男友；5．恨嫁。死宅让你没有机会认识男人，女流氓吓跑好男人，完美主义会挑剔走所有男人，忘不掉前男友就开始不了新感情，恨嫁让周围的人不敢乱介绍……漂亮与否不重要，年龄也不重要，这五个原因才是死穴。"

我们所有人都很清楚，宅是嫁不出去的第一大原因，但就算是知道，宅女还是越来越多，为什么呢？

许多女孩都很宅，大家把宅当成一种生活。但宅怎么会是生活呢，它是一种情绪。我们为什么宅？因为宅能让人轻松愉快，而愉快就是一种情绪。即使理智地知道宅会找不到男友，会失去很多机会，但为了自己高兴，就宁愿宅下去。宅是一种瘾，是不良嗜好，就像戒烟很难一样，戒宅更难。

在工作和在家睡觉两者之中，你选哪个？选睡觉。在出去玩和在家睡觉两者之中，你选哪个？在家睡觉。在出去喝咖啡和在家喝咖啡两者之中，你选哪个？在家喝。

是的，对绝大部分人来说，宅不过是一种对更舒服的生活的选择，但他们却忘记了，你选择了一种舒服的方式，就一定会放弃掉其他东西。

譬如说，**宅在家里是最舒服的，但你却往往放弃了认识人的机会。**

也就是说，虽然你这一天过得很舒服，但绝对不可能认识到人，也把一个个遇到缘分的机会给放弃掉了。

我一直都在说，找对象是一个概率事件，你遇到的人越多，找到好男人的机会就越大，这是绝对成正比的，所以每个机会其实都很宝贵。

宅让你得到了身体上的舒服，却让你失去了宝贵的机会，这究竟是赚了还是赔了呢？

当然，也有许多人觉得自己并不是宅女，就好像雨涵一样，她觉得自己天天上班，又每周出去唱K，还参加相亲，怎么样都不能算是宅女。

可什么是宅女呢？

现在的宅有如下几种：

1. 啃老宅。

不上班、不工作或者是做远程SOHO的工作，只是待在家里，接受家人的照顾，基本上不太出门，见人极少。这种宅是等级最高的。

2. 工作宅。

虽然每天都上班工作，但基本上是两点一线——从单位到家里，也没有什么娱乐活动，每天都是上班——回家，回家——上班。

更有甚者发展成了加班宅，每天都要加班工作到晚上，压根没有时间出去娱乐，也没有时间出去见人。

这种所谓的工作宅，就是我另一本书《上班奴》中描述的人，解决方法书中尽有，不再赘述。

3. 朋友宅。

宅人中隐藏性最大的，叫做“朋友宅”。

很多人说：我不宅啊，我每天都和朋友出去玩……

但请你仔细想一下，你是不是永远都和同一群人去同一个地方做同样的事情？就像雨涵一样，虽然她每周都出去玩，但就是和三个闺密，去同一个KTV，唱同样的几首歌。

这种生活说是常常玩，实际上还是封闭在小圈子里面，根本认识不到新人。

有个很好笑的中国人旅行的故事：四个中国男人去欧洲旅行，到了之后，他们在酒店里面打了三天牌，然后回家了。同样的人在一个酒店房间里做在家里同样可以做的事情，这叫出去玩吗？

宅的定义就是——长时间待在固定的地方，和固定的人做固定的事情，不愿去认识新人。

所以，只要不是每周都能认识一个陌生人的，都可以算是宅。

4. 心态宅。

最严重、最难治的宅，就是心态宅了。什么是心态宅呢？

那就是，虽然你也出去玩，虽然你也上班，甚至也经常见人、相亲等等，甚至有不错的目标，但就是没有任何主动的念头。

所谓的心态宅，就是丧失了主动去约见人的动力，甚至是能力。

在上面雨涵的故事里，我们会发现，雨涵和那个男人其实都属于心态宅。他们都中意对方，但就是懒得打个电话。

表面上是懒得打，但其实是不敢打，也是不敢出门。他们在内心都放弃了出去约会的念头，而希望由对方来推动自己。

但宅人的等待，往往是一种无望的等待。你自己都没有勇气去约人，怎么能指望别人来约你呢？

记住，等电话是一种很大的宅。

三

爱情里一定会遇到的一百个问题之二十五：怎么样才可以不宅？

如果你是一个宅女，那么我们几乎可以认定，你没有嫁出去的原因，就和宅有关。

所以，想要解决问题，就必须要解决自己内心的宅。

我们针对不同的宅人情况来分别说。

第一种，啃老宅。

解决方案：这种宅人看起来根深蒂固，怎么都不会出门，但其实是最好解决的。因为他们本来的生活是不健康的，而对于人来说，不健康的生活往往会有一个自主调节的平衡能力。

永远不出门的人毕竟是少数，很多人宅了一段时间后，往往会想要作出改变。

而对这类宅人而言，最好的改变，也是最简单的改变，就是去找一份工作，一份正常的、可能是轻松的或者简单的工作。挣多少钱并不是目的，真正的目的还是能够有人际交往。

切记，现代社会是一个以人际交往为核心的社会，在中国尤甚，所以你要懂得怎么利用人际关系来让自己过得更舒服。

而对于SOHO一族，虽然你们在家也可以赚到钱，甚至比别人工作赚得更多，但人际交往的缺失，却让你们的人生不完整，在未来很可能带来许多不便。

打个比方，**普通人年轻时就不断地上班，不断地认识人，等到40岁后，他们有几十年人际关系的积累，办许多事情都很方便。**

而作为SOHO一族的宅人呢，虽然你现在赚得不少，可是未来到了同样的年纪，你没有那么多人际关系的积累，必然会有严重的后果。

所以，正经靠谱的办法，是每个礼拜强迫自己有一个社交日，这个日子就要出去和朋友交往，认识一些人。社交是SOHO族必须强迫自己完成的事情，或许比赚钱更重要。

第二种，工作宅。

解决方案：工作宅往往会说自己太忙啊、要赚钱糊口啊等等，似乎是不容辩驳的。但实际上，他们所缺少的，并不是时间，而是价值观。

我经常说，所有的工作宅都是上班奴。在他们的潜意识里，最重要的是工作，其次才是自己的人生，至于感情和婚姻，都放在很后面了。

这些人或许也会着急，也会埋怨工作拖累了自己的感情。但实际上呢，虽然嘴上抱怨，却并不会行动起来，也不会把工作放在后面。

每个人的潜意识里，都会有个事件重要程度排行榜。而这个排行榜，就是你作抉择的依据。

譬如说，有两个选择：一个是每天加班到深夜，没有时间谈恋爱；另一个是辞职换个轻松的工作，然后把时间都放在恋爱上。

绝大部分的工作宅都会选择第一个。她们给自己找了各种借口，譬如薪水啊、发展啊、梦想啊，诸如此类的，其实真正的原因只有一个，那就是她们觉得工作、事业和自我价值的实现，要高于感情和婚姻。所以谈恋爱成了一件从属的事情，在不影响工作的情况下，有是最好的，没有也就抱怨一下。

这就是你要调整的价值观。我不是劝每个人都把感情、婚姻放在事业之上，而是请你们在自己年轻的时候，至少不要忽视它，至少要把它放在同等重要的位置。

千万不要说，我不加班就会穷死，这个世界没有人会穷死。

也不要认为，你不加班就真的没人做事了，职场上，往往是你做了就没人做，你不做人家反而会做。

我认识两个同样类型的媒体人，在同样的部门，同样做副主编，有同样的工作量，其中一个每天加班加到晚上两点半，天天上班，年中无休，一天干足12小时；而另一个只不过每天下午去转一下，指挥手下人干活而已。

如何才能让自己清闲下来，让别人多做一点，自己多一点时间去恋爱，那是一种能力，需要好好地训练。

第三种，朋友宅。

解决方案：每周至少参加两个工作以外的活动，至少一个活动中有十个以上的陌生人。别以为这很难，只需要有陌生人，而不需要你去认识他们，所以譬如看展览啊、看表演啊、听讲座啊，都是很好的方案。

甚至这些陌生人都不一定需要是异性，就算同性也可以，因为很难说你会和谁发展成朋友，而这个人说不定能给你打开一个全新的圈子。

如果有男人约，只要不会让你吐，就和他吃三次饭，别管有没有发展。特别是别人给你介绍男人，尽可能不要拒绝。因为一次拒绝，就是断了一整条路，以后别人再也不会给你介绍。宁可你忍着，也不要随便地断绝生路。

最后，如果你需要在熟悉的朋友和陌生的朋友的约会中选择一个，请选择陌生的那个。切记，选择熟悉，就等于选择宅。

而你现在，还没有资格宅。

第四种，心理宅。

解决方案：既然是心理宅，那就必须解决心理的问题。像雨涵这样的心理宅，都不愿意主动去约人，这种心理是怎么形成的呢？

其实这种心理并不是宅的心理，而是一种社交恐惧症。

太久没有出去，太久没有约会的人，往往有这种社交恐惧症。具体的心理轨迹，还是怕被人拒绝，怕受到伤害。

承受伤害其实是一种技能。当你很少与人交流、交际，那么你被拒绝的次数肯定很少，从而带来的问题就是，你逐渐地缺失了承受伤害这种技能。

所以他们越来越害怕受伤害，甚至是主动约人被拒绝都成了难以承受的事情。

雨涵也好，那个男人也好，都是这样的类型。他们已经习惯了被动，习惯了安全地去接受或者否决别人的提议，所以自己是绝对不会主动提出要求的。

想要治愈这种社交恐惧症，就一定要知道，自己应该去接受伤害，必须去承担伤害。所以你要强迫自己主动约人，每周的社交你都要主动。这样做了几个月后，你的社交恐惧症会不药而愈，再也不需要任何强迫，所有事情都会变得很简单。

总而言之，当你抱怨没有人喜欢你、没有人发现你的时候，请先看看自己周末在做什么。连周末都没有约会的女孩，就不要抱怨找不到男朋友。你老是不出门，男朋友上哪里去找你呢？就算老天要掉个钻石单身帅哥给你，也得走到大街上才能砸中你啊！

虽然出门了也不一定有收获，但不出门的一定会发霉。

要做美女，而不是霉女，加油！

第四部分
懂得爱情心理学，让爱情变成婚姻

未来婆婆反对你们的爱情，往往并不是因为你不够好，而是因为她觉得儿子以后会过得不好。

这也就是很多女孩子感到纳闷的，为什么自己条件越好，未来婆婆就越讨厌自己。

很简单，因为你太好了，所以她怕儿子吃亏，所以如果你不够好，反而是安全的。你要是低眉顺眼像童养媳，那就算条件很差，恐怕婆婆看着你都会很喜欢。

第一章

婚前性行为

一

谨慎对待婚前性行为

吴菲儿是一个平面模特，或者说，是一个业余的平面模特。她专门为一些淘宝大卖家拍服装照，所以被称为“麻豆”。

吴菲儿在麻豆中很有名，曾经还被评上过金牌麻豆，不断地被淘宝推荐。

在很多世俗的偏见中，总觉得模特是一个比较开放的群体，甚至有一些不太好的谣言，说模特会有很多是非，譬如有很多男朋友啊，会为钱出卖自己啊。

但实际上，在这个圈子里，许多人还是很单纯的，甚至很多都是乖乖的宅女。她们与众不同的地方，不过是比较漂亮、引人注目而已。

吴菲儿就是其中很单纯的一个。她是完完全全的乖乖女，从小家教也严格，初中、高中时都是全校闻名的校花。但父母管束更严，每天上下课都是父亲接送。考大学时，也是由父母指定的本地大学。

进了大学后，恰好是淘宝网兴起，各种商家如雨后春笋，大卖家初具规模，淘宝网开始推荐各种美女当麻豆的时候。吴菲儿正好有一点青春期的逆反心理，觉得好玩，于是私自跟着几个朋友去做了几次平面模特。

虽然很累，但有生以来赚到了第一笔钱，还是很得意的。可这事却让吴菲儿和父母吵了一架。家人觉得一个大学生出去当模特实在太没档次了，如果吴菲儿不听话，就要断了对她的经济支持。

可恰恰是这件事情，让吴菲儿彻底成为了一个金牌麻豆。她大学里的几年，几乎每周都在为别人的网店拍产品照片，几年下来，她在圈内已经很红了，而且攒了相当一笔钱，成了个小小的富婆。

吴菲儿长得这么漂亮，身边当然缺不了追求者。但她因为从小家里管得严格，对男人有一种自然而然的抗拒感，尤其是当别人疯狂追求的时候，更是做抱头鼠窜状，人家追得越紧，逃得越快。

当时有一些富二代、大老板老是开着名车跑到吴菲儿的大学门口接她，要带她去外面玩，还送几千块钱的花以及大量的礼物过来，吓得吴菲儿躲在家里连学都不敢上，最后逼得学校报了警，那些追求者才消停。

害怕别人疯狂追求，也并不表示吴菲儿就没有自己的感情。尤其是在这个模特和摄影的圈子里，接触到的人，要么是俊男美女，要么才华横溢，基本上没什么不好看、不好玩的。

吴菲儿就看上了一个摄影师。这个摄影师自然是潮男，身边当然也有很多女性追求者，在一大堆的竞争者中，吴菲儿脱颖而出，迅速和摄影师确立了关系。

俊男美女的恋爱，当然是惹人羡慕的。吴菲儿也觉得自己终于有了初恋，并且如此完美，实在是很幸福。

但这幸福却并没有维持太久，才一两个月的时间，就有件事情开始困扰吴菲儿了。每次她和摄影师约会，对方无论走到哪里都会显得很亲热，带她去看电影，会坐情侣座，去幽暗的咖啡馆，然后就开始各种亲热。

刚开始还是很正常的，就是拉拉手啊，搂一下腰啊，抚弄一下头发啊，但这已经把吴菲儿给羞得面红耳赤、难以自抑了。到后来，摄影师就开始得寸进尺，亲额头啊，亲手臂啊，亲脸颊啊，最后开始了接吻。

吴菲儿交出了人生中第一个吻后，整个人都酥软在对方的怀里。她整个人都火烫火烫的，脑子里一团乱麻，不知道在想什么。

等到意识再度清醒过来时，却发觉摄影师的手，已经在抚摸自己的胸部，连BRA的扣子都被解开了。

吴菲儿吓得慌忙站起来，抓起包就跑，那男人在后面追了半天都没追上。吴菲儿上了出租车就跑，迅速回到了家里，父母看她神色不对，她也不敢说，只是上了床，捂着胸口，差点哭了出来。

她当然知道，男女朋友就是要这么亲密的，可还是忍不住，觉得受了很大的委屈。

吴菲儿从小受到的教育，就是女孩子一定要自重，要知道男女授受不亲，所以在结婚前是绝对不可以有性行为的。

这件事情，吴菲儿的母亲专门和她谈过好几次，最后甚至有点声色俱厉，让吴菲儿有很大的恐惧感。

另外一方面呢，吴菲儿自己也是冰清玉洁的姑娘。第一次恋爱，难免会有些幻想。她希望自己的第一个男朋友就是未来的丈夫，而且是在洞房花烛夜，才可以把身体完全交给这个男人。

所以吴菲儿对婚前性行为是完全不接受的态度，对这个摄影师动手动脚的行为，更是感到很生气。

这一次之后，她开始疏远那个摄影师了。也没有说什么理由，反正是完全不接对方的电话，不赴约，甚至连必须在一起完成的工作都不做。

身边的人都看出这两人有问题，还以为是摄影师欺负了她。但摄影师也感到莫名其妙，道歉了很多次，也问了很多次，但吴菲儿就是不接受。

这件事情，在别人看起来很可能是无厘头的，但其实，在吴菲儿的内心里，真的揣着一个特别可爱、特别纯真的梦想。她希望自己的男朋友，是不会把这个梦想给毁灭的。所以她宁可分手，也不要去毁掉自己的梦。

这第一个男朋友，算是有点莫名其妙地无疾而终了。吴菲儿对感情也有些害怕，所以有差不多半年的时间都没谈恋爱，不过身边的追求者却络绎不绝，几乎就没断过。

对于一个漂亮的女模特来说，长时间的单身其实是件挺奇怪的事情。因为她们从来不缺追求者，也会经常见人，而且老是见一些优秀的人，或者长得好，或者条件好。

半年后，吴菲儿果然又恋爱了。这一次反倒是她主动的。因为一起工作，她认识了一个男模特，这个男模特长得非常帅，是吴菲儿最爱的类型，光是外表就一下子把她给迷住了。

很多女孩子可能有这样的经验：年轻时特别注重外貌，就是喜欢各种帅哥，明明知道对方不靠谱，但还是喜欢。

吴菲儿就处于那个时期。她已经谈过一次恋爱，总算是有了点经验和勇气，在一个偶然的机会，稍稍暧昧地向对方表露了心声，没想到两个人一拍即合。那男模特也早就看上了吴菲儿，如今女生都发话了，自然屁颠屁颠地开始交往。

不过这一次，吴菲儿有了经验，在谈恋爱之前，就和对方说了自己对婚前性行为的看法。那男模特虽然有些诧异，但还是勉强答应了只恋爱不做爱的要求。

两个人交往了几个月，关系倒也是如胶似漆，在别人眼里，也是非常恩爱的一对。但吴菲儿还是紧紧守着自己的安全线，和这个男模特之间，最多只是接吻，拥抱和抚摸都是隔着几层衣服的，一旦有把手伸进衣服的行为，她立刻就会翻脸。

而且吴菲儿从来不会和他去什么隐秘的场所，约会都是很多人在一起或者去公共场所，男模特想要做什么也没有机会下手。

到第四个月，男模特终于熬不住，主动跟吴菲儿提出了分手。他告诉吴菲儿，虽然很喜欢她，可是这么久关系都没有进展，实在是不能够忍受的事情，所以只能分手了。

吴菲儿心里纠结了一下，差点就心软答应了他，但最后还是咬牙说，分手就分手，反正怎么都不可以做的。

男模特果然和吴菲儿分手了，而且不到一个星期，就勾搭上另一个模特，两个人双宿双飞地去国外拍片去了。吴菲儿甚至听说，就在和她恋爱期间，这两个人已经勾搭上了，而男模特最后逼吴菲儿一下，只不过是觉得谈那么久恋爱都没有上床太丢脸了。

吴菲儿听到了这个传言，心中不禁庆幸最终没有心软，要不然现在真是亏大了。这件事也让她下定了拒绝婚前性行为的决心。

虽然是分手了，但实际上这一次，吴菲儿并没有被伤得很重。因为她对那个男模特已经很失望，也不在乎了，只要是不在乎，自然不会受伤害。

所以疗伤期其实也就是一个多月的时间，然后又有另一个人疯狂地追求吴菲儿。

这个人是一个淘宝网店老板，也是一直找吴菲儿当模特的老板之一。其实他不算什么大老板，事业刚刚起步，钱也不多，但从来都是给吴菲儿高于市场价不少的费用，然后还经常请吴菲儿吃饭。

这个老板是大学生，毕业后开网店，有学历，自然也有些素质，平日里彬彬有礼的，看起来很老实，也没有什么坏心眼。

吴菲儿刚开始对这老板是没有太多想法的，因为她喜欢帅哥嘛。但当她和男模特分手后，这个老板就抓紧机会追求吴菲儿，这次倒是有些进展。

吴菲儿对帅哥刚刚失望，而眼见这老板是出了名的踏实靠谱，自己做着一份事业，对人又关心，口碑是人人叫好的。而且吴菲儿的周围，总是有很多当老板的朋友在怂恿她，撮合他们成为一对。

按周围朋友的话说，老板喜欢吴菲儿那么久，中间连一个女朋友都没找过，自然是死心塌地。而且他的事业、人品，他对人的态度，都是大家看在眼里的，可谓知根知底。和这种人谈恋爱，比和模特、摄影师什么的，靠谱很多倍。再说了，吴菲儿要是和他在一起，就是老板娘了，那些男模特还算得了什么呢。

吴菲儿是个没什么主意的人，被人左一怂恿，右一怂恿，就和那老板约会了几次，然后周围的人口口声声地叫老板娘，就这么稀里糊涂地又开始谈起了恋爱。

这次，吴菲儿也是提前跟老板说了，自己是绝对不会同意婚前性行为的，所以这类要求，一概不准提。

那老板倒是很严谨，仔细地问了吴菲儿自己可以做到哪一步。吴菲儿害羞得要死，哪里说得出口，只好说只能亲额头。

没想到之后很长一段时间，对方真的从不逾矩，最多也只是亲一下吴菲儿的额头或者头发，就连拉手都要看吴菲儿的脸色，稍微有些不高兴就躲得远远的。

到最后，连吴菲儿都觉得这家伙迂腐得可笑，真的有点理工男那种愣劲，于是主动凑上去亲了他一下，两个人才算有了正式的接吻。

但也仅此而已。淘宝店老板对吴菲儿总算是规规矩矩，并不会像前几个人那样，强迫她做什么事情。吴菲儿越来越放心，开始跟他谈一段很公开的恋情。两个人偶尔也会在外面玩到很晚，让老板送她回家。甚至有一次，他还陪着吴菲儿出了趟远门拍片，别人故意使坏给他们俩准备了一个房间，但他还是偷偷开了个房间，让吴菲儿可以一个人睡。

这样的表现，让吴菲儿自然是放了一百二十个心。但世事往往是这样，当你全是戒备心的时候，是一点事都不会出的；但当你把戒备心全部卸掉时，就一定会出事。

吴菲儿对男朋友彻底地放心了。有一次，很多朋友开派对，男朋友和她都过去了，大家最后都忽悠吴菲儿喝酒。本来吴菲儿是不喝酒的，就担心会出问题，但男朋友说自己开车不喝酒，到时候会送吴菲儿回家的。

这种事情以前也不是没有过。吴菲儿既然在这圈子里混，当然也不能太任性，于是就大着胆子喝开了。最后，她第一次喝醉了。

派对结束，喝醉的人当然都有男生送。吴菲儿有男朋友在，别人都不会多事，只是交代了几句要把人送到家什么的就分手了。

然而第二天吴菲儿醒来后，却发现自己一丝不挂地躺在男朋友的家里，身体上也有异样，下身一动就痛。

男朋友就躺在旁边，也是一丝不挂的。前一天晚上发生了什么，不言而喻。

吴菲儿整个人都傻了。她怎么都没想到，自己最放心的一个人，觉得最安全的一个人，居然就这样轻而易举地把她的初夜给夺走了，而且还是在她喝醉的情况下，而且还是这么残忍、这么轻率地。

吴菲儿心中曾经的梦想，突然破裂，什么童话般的故事，都破灭了。

她顿时哇哇大哭起来，把那男人惊醒了。那男人也是没什么可解释的，只是自抽嘴巴，把自己骂成大猪头，给吴菲儿赔礼道歉。

吴菲儿整个人都处于崩溃的状态，对方说什么都听不进去。她只想赶紧离开这个地方，所有的一切在她眼里看起来都是魔鬼。

逃回家后，吴菲儿生了好几天的病。她又是发冷又是发热，父母都急得要命，不知道她究竟怎么了。

淘宝店老板几乎每天都来，嘘寒问暖，关切备至。父母虽然不晓得发生了什么，而且本来也不赞成女儿谈恋爱，但看这个男生倒是认真负责的样子，而且还年轻有为，心里多少也有些认可，就睁只眼闭只眼地让他照顾着。

那男人连自己的生意都不管，白天黑夜地守在吴菲儿的窗前，几次痛哭流涕，下跪求原谅，又是喂粥又是喂药，简直比二十四孝老公还要好。

到最后，吴菲儿的妈都看不过去了，劝女儿如果不是什么大事就原谅对方，看着那男人也确实是不错的。

那几天里，吴菲儿其实已经慢慢冷静下来了：事情已经发生了，一切都不可能挽回。自己还能做什么呢？告那个男人强奸？

那么多朋友都知道他们在谈恋爱，现在要说谈恋爱不上床又有谁相信？

分手吗？这个让吴菲儿更加心如刀绞。并不是她有多爱这个男人，而是她的第一次已经给了这男人，如果再分手，就已经不单纯了。

吴菲儿是要把第一次给老公的，现在委身于这个男人，那就一定得嫁给他。这是吴菲儿心底里唯一的想法。

所以等病好了，在那个男人的恳求下，吴菲儿也只能就此下台，原谅了这男人。

从此以后，吴菲儿算是正式开始了老板娘的生活。她和那男人的恋情完全确立起来，而且两个人在感情世界里的地位也在发生着轻微的变化。

从前是那个男人对吴菲儿无微不至地关心，经常买礼物，模特费也会特别高一点。而现在呢，吴菲儿必须免费替这男人的店当形象代言人和模特，这笔钱那男人算是完全省掉了。所谓的关心和礼物也早就不晓得跑到哪儿去了，甚至是吴菲儿去给别人拍照，那男人都会不太开心，仿佛是自己的私有财产被侵占了。

然后呢，吴菲儿觉得自己说话也不管用了。从前她要这男人走他就走，要他站着他就站着，说不能拉手他就得离得远远的。可现在有过第一次后，这男人几乎每个礼拜都会拉吴菲儿上床，就算她不愿意也会强迫。

遇到这个情况，吴菲儿也不晓得该怎么办，但以嫁鸡随鸡、嫁狗随狗的心态，也只能默默地忍受了。可那男人却越来越过分，态度也变得很差，阻止吴菲儿当模特，甚至还要她留在公司里，替自己当客服发货。

在外人眼里看来，吴菲儿确实是被欺负了，但对她而言，却是能忍一点是一点，毕竟以后要是嫁了过去，公司也是自己的。所以吴菲儿和那男人同居在一起，开始尽心尽力地当老板娘，以前的金牌麻豆，完全被一家小淘宝店给收编了。

这里要插一句，很多男人都会做这种事情。他们想要得到一个女人，想要利用一个女人，而又没有足够实力的时候，就会用感情的方法。因为只有感情是跨越阶层、跨越金钱的。

譬如从前，这个小老板想要独占吴菲儿，甚至是要她来做独家代言人，那都不太可能，经济上根本承受不起。

而吴菲儿再发展几年，很可能成为比较有名的平面模特，也会签约公司，有经纪人，走上一条很不错的路，以后那个男人想要高攀根本没可能。

但他就是用感情的方式，一举将吴菲儿拿下。从此以后，吴菲儿的事业之路就被截断了，而那个男人一分钱不花，又有了活招牌，又多了女朋友，可谓有百利而无一害。

所以我经常建议女孩子要找出色的、比自己更优秀的，甚至是能够帮助自己变得优秀起来的男朋友，原因就在于此。你找了个烂人，你的人生之路就走到头了。他会拖累你，不让你前进，甚至是吸干你的利用价值，让你越来越惨。

没过多久，吴菲儿怀孕了。

没错，他们两个人从第一次上床开始，就没有避孕。吴菲儿是不懂的。她的第一次是被灌醉了后被人拿走的，后面几次也是半强迫性质，虽然时间久了，对这件事情也没有很排斥，但她确实不太懂避孕之类的事情。倒是跟男人提过几次，但那男人总是含混而过。

这次发现怀孕也是偶然。她的例假有两个月没来，本来还以为又是延迟或者不准什么的，根本没在意，可是刚好吴菲儿的信用卡送了一次年度体检，就顺便去做了，没想到一下子就查出了怀孕。

刚刚拿到怀孕的报告，吴菲儿内心有些茫然。她自己还不大呢，这就要做妈妈了，很有些前途未卜的感觉。但随后呢，又稍稍有些欣喜。因为每个女人的内心都有母爱，就算是再不喜欢孩子、再没准备，可一旦怀孕了，母性情怀会被生理性地激发出来，让她对这个还很小很小的宝宝有了些许的情愫。

怀着这样复杂的心情，吴菲儿回去有点紧张地把消息告诉了男朋友。她心中幻想的，是这个男人丢下手边一切东西，把她抱起来转圈，然后在耳边甜蜜地说一句："我们结婚吧！"

这大概是很多未婚先孕的女孩心里面共同的幻想。

但吴菲儿失望了，就像是大部分未婚先孕的女孩一样失望了。

那男人愣了一下，手却没有离开鼠标，第一句话是："我的？"

吴菲儿傻眼了，醒过神来，眼泪就在眼眶里打转。幸亏那男人也醒过神来，迅速过来哄，这才算遮掩了过去。

这里其实是有个关键的，或许一些未婚先孕的女孩也会遇到，所以我专门拿出来说一下。

当你把怀孕的消息告诉男人的时候，如果他下意识地说"我

的？”（是下意识说哦，不是开玩笑说），那么这个男人实际上靠不住。

因为男人如果早就把你当成老婆，把你当成了一家人，想好了要和你结婚，他根本就不可能存着什么怀疑和防备的心态。

当这个男人第一反应是这个孩子是不是自己的时候，说明他对你是充满了怀疑和防备的。在这种情况下，他根本就没有把你当成一伙的，所有对你的好都是装出来的。

但吴菲儿并没有注意到这个细节，她只是稍稍沮丧了一下，就开始和那男人商量，之后该怎么办。什么甜蜜地转圈啊、拥抱啊，自然是没有了。不过吴菲儿的意思，就是要商量一下，怎么跟父母说，什么时候结婚。

可是这男人支吾了半天，却又开始扯：自己事业刚刚开始，公司才有些起色，特别忙，而且也没有很多钱，现在时候没到，还不适合，等等。

这些词句都是断裂的，可是你一句句品味就会明白，都是些推脱的语句。

吴菲儿心里生出不好的念头，问他是什么意思。

男人跑过来，抱着吴菲儿哄：“我们的日子才刚开始，我的事业在上升期，你也还年轻，我们现在就结婚生孩子太早了，连二人世界都没过，就要被孩子拖累，还是先把这个孩子做掉，反正以后我们有的是机会生。”

看吴菲儿面色凝重，男人又补充说：“听说现在无痛人流一点都不痛的，一下子就做好了。”

人流？堕胎？

吴菲儿之前压根就没想过这个选项，现在被男人一顿说，竟也感觉是有些道理的，又被男朋友哄了许久，最后终于被洗脑成功，答应去做人流。

其实吴菲儿这里又被人忽悠了，因为她男朋友成功地混淆了一个概念，那就是结婚和孩子。孩子不能要，因为要二人世界，但为什么不能结婚呢？这个又不影响二人世界。但吴菲儿的男朋友就把这两者连在一起，打包成一个概念，让吴菲儿放弃了孩子，也忘记了结婚这桩事情。

于是，晕头转向的吴菲儿被男朋友带去做了人流。所谓的无痛人流，就是被全麻后再刮宫，所谓的不痛，只是手术过程中不痛而已，等麻药效果退去，还是照样很痛。

人流后，医生交代是要好好休息。按照中国人的说法，流产后的休息叫做“小月子”，也要好好对待，不然会影响女人的身体一辈子。

吴菲儿未婚怀孕又流产，这种事情根本不敢跟父母说，只能借口和男友同居，住在男人那边坐“小月子”。

两个人之前虽然在一起，但也没有完全同居，这次真的住在一起后，吴菲儿忽然发现，自己那个看似老实的男朋友，其实并没有那么老实。

有一次用男朋友的电脑，她忽然发觉，这男人和圈内一个臭名昭著的经纪人有密切的联系，而这个经纪人，是发“潜规则包”的。

所谓“潜规则包”，就是指一个拍摄的业务单子，可能算是笔不小的收入，一般的模特都愿意接。但这种单子还有个附加条件，就是发包的老板要和模特睡一觉。

这是行内众所周知的潜规则。所以模特们也分为两个群族，一类是愿意接这类包的，另一类是不愿意的。如吴菲儿这样小有名气，也有固定的活儿的，自然不会愿意，也会躲得离那些经纪人远远的。

说白了，正儿八经的人，是不会干这种事情，也不会和这些经纪人联系的。可是她男朋友不仅有联系，貌似还很密切。

这一次，吴菲儿终于没有过分的“二”。她长了个心眼，悄悄地把电脑关了，并没有让男朋友知道。

转过头，吴菲儿让圈子内的朋友查了一下，最近那个经纪人有没有发拍摄的通告。果然让她查到，男朋友为了最近的一个新款系列，花了好几万，请了个外地的模特过来拍。

只是拍一个系列，两天的事情，根本值不了几万块钱。要是以前，吴菲儿自己就拍了，现在就算要请人帮忙，找个朋友花几千块钱可能就办了。要花那么多钱，原因是显而易见的。

吴菲儿查到了拍摄时间和地点后，在当天晚上，轻而易举地把男朋友堵在了酒店里面。当看到自己的男人搂着别的女人从电梯里出来时，吴菲儿差点晕过去。

她才刚刚堕胎，还在小月子当中，可那个男人却全然不顾脸面，完全没有底线地作出了这种事情。吴菲儿站在那里，连气都透不过来，整个人都快疯了。

但更过分的事情还在后面。男人望了吴菲儿一眼，竟然只当不认识，撇撇嘴就走过去了。倒是旁边的模特感觉有点不对，挣开了男人的搂抱，快步走出了酒店。

吴菲儿冲着男朋友大喊：“你到底是什么意思？”

那男人转过头来：“你不查我，这事情还能再拖些时间。你现在来查我，还有什么可说的，分手吧！”

吴菲儿崩溃地大哭：“在你眼里，我到底算什么？”

“算什么？女人呗！”男人说完，头也不回地走了。

就是这样，带一点戏剧性，带一点悲剧，吴菲儿和这个男人分手了。不只是分手，这个男人居然还在朋友群、模特圈里到处说，吴菲儿死皮赖脸地要跟他在一起啊，为了他又怀孩子又堕胎啊，而且还堕胎好几次啊。总而言之，把吴菲儿描绘成了一个为了男人要死要活的怨妇。

吴菲儿快要疯了。在这一年里，她从一个单纯的小姑娘，到被人骗上床，到被人毁掉整个模特事业，再到怀孕、堕胎、男友出轨，最后到被甩掉，所有的一切都经历过了。

分手之后，吴菲儿得了抑郁症，睡不着觉，掉头发，瘦了很多很多。许多朋友想给她介绍新男友，吴菲儿都拒绝了。因为她有一个很深的心理障碍，觉得自己不是处女就不值钱了，也不晓得怎么去面对未来的丈夫。

所以她信心全失，动不动就想着死，好几次都被人发现在偷偷地买安眠药。闺密们觉得这样下去实在是不行，所以就介绍她到我这里来咨询。

二

爱情里一定会遇到的一百个问题之二十六：为什么会有婚前性行为？

吴菲儿虽然是个化名，但是一个真实的案例。人们总是以为模特是个很开放的行业，其实这是偏见。在任何行业、任何年龄阶层、任何城市里，都有单纯的女孩。她们家教严格，她们洁身自好，她们把身体当做是给未来老公的最珍贵的礼物，将贞洁看得非常重。

我倒是觉得，现在的社会里，女孩们的性观念过于两极分化：开放的女孩子，把身体当做诱饵，去寻找各种猎物，这是放纵了欲望，放弃了爱情；而过于保守的女孩子，将处女膜看得太重，反而成了一种负担，甚至是心灵的束缚。

为什么会有婚前性行为？

这不是女孩的问题，百分之百是男人的问题。因为对于女人而言，尤其是处女而言，并没有什么强烈的性欲非要宣泄不可。要她们等到婚后再有性行为，是完全没问题的。

但男人却不同。男人们经过了青春期后，基本上进入全天候24小时无休的发情期，看到心仪的女孩子，就会有性冲动。这种性冲动形成了男人爱情的基础，但同时也会不断地想要把女生推倒。

当性冲动占据男人的大脑后，就是我们所说的“用下半身思考”。他根本不会顾及你是不是要上床，反正他会用一切手段来实现自己的目的。

男人会赌咒发誓，会承诺，会对你无微不至，会买各种礼物，会帮你各种忙，会说各种甜言蜜语。

总而言之，你会发现，**对你最好的男人，就是还没和你上床的那个。他这辈子对你关心最多，就是在这个时期。**

所以，你们要明白，是不是要有婚前性行为这件事情，往往不由女人决定，而是由男人决定的。因为能够在男人的哄骗、洗脑、许诺，甚至恐吓之下还能守住自我的女孩，已经越来越少了。

有一个很好玩的发现：我们发觉，不想有婚前性行为的基本上都是女人，而男人一般都不反对有婚前性行为，但其中很大一部分，却希望自己未来的老婆是处女。

没错，男人就是如此矛盾而自私的动物，当他们被欲望控制大脑时，要上床；而当他们想结婚的时候，就要处女。

如果你被男人骗着上了床，又懊悔自己不再是处女了，你就是一直在被男人左右自己的大脑。

不要成为男人的附属品，其中最重要的一条，就是不要被男人的评判标准所左右。

你就是你，无论什么时候，无论发生了什么，你都是最好的。你可以控制男人的评判标准，而不是受控制。

三

爱情里一定会遇到的一百个问题之二十七：要不要杜绝婚前性行为?

1. 第一个男人会是你最后一个吗?

女生的处女情结，往往会发展成“性奴役”。什么是性奴役呢？就是女生会觉得，我都已经和这个男人上床了，就一定要嫁给他。哪怕他再坏，哪怕他犯再多错误，哪怕再不合适，也必须嫁给他。

这是中国传统遗留的糟粕，传统上人们会认为，女人的身体只能用一次，嫁鸡随鸡，嫁狗随狗，跟谁上了床，就必须跟他一辈子。

但在这个时代，却往往不是如此，或者说你很难做到从一而终。

为什么呢？因为当你还是处女的时候，几乎没谈过恋爱，自然也不会主动去寻找男人，所以一般都是守株待兔，等待别人来追求你。

而什么人才会主动追求你呢？我之前就说过了，在这个世界上，三成的坏男人，伤害了七成的女孩，因为这三成坏男人，永远是主动的。

请观察一下，你身边的朋友，有几个人是和第一个男朋友结婚的？很少对吧。第一个男朋友，第一个男人，往往是把女孩伤得最深的。

是的，在我对年轻女孩作概率统计的时候，发现女孩的第一次被坏男人夺走的可能性最大。

既然如此，那么从一而终这件事情就变得很可笑了。就因为你和他上床了，而且很可能是被骗的、被哄的，甚至是被强迫的，你就要跟他在一起，甚至忍受他对你的坏，忍受他的自私，忍受他出轨，甚至忍受家暴吗？

是不是因为你已经和对方上过床，就再也没有选择的可能性，就把自己卖给他了？

别傻了姑娘，都什么时代了。对男人而言，就算你们结婚了，有了孩子，他照样可以出轨，照样可以离婚，因为他根本就不会因为一张结婚证而认定你一辈子。

到了你这儿，为什么只是一次性行为，就必须把自己卖给对方呢？这是不合理的，就算是最原始的奴隶制，也没有这么霸道的条款。

其实，每个人都是自己在束缚自己。女人自己的处女情结，都是画地为牢，你以为对不起未来的老公，可他会不会对得起你呢？

什么不单纯、不纯洁了！什么是纯洁？心纯洁才是真的纯洁，身体是你自己的，用过就用过了，又有什么关系呢？

要纯洁的话，古代的时候，某个女人只是手被男人蹭了一下，就砍掉自己这只手。这种够纯洁了吧，你要这样吗？

所以，不要画地为牢，你的心够纯洁，你就永远是纯洁的。你愿意嫁给一个男人，这个男人就应该感恩。除此之外，都是胡思乱想。

2. 处女是个选择权，而不是必需品。

问题绕回来了，那么到底可不可以有婚前性行为，要不要有婚前性行为呢？这里就涉及女人的处女情结这回事了。

女人要不要有处女情结？是不是只有处女才是干净的？

其实就我来看，所谓的处女，所谓的婚前性行为，其实只是个选择权，而不是必需品。

什么是必需品呢？每天吃的盐、糖是必需品，不吃是要死的。但婚前性爱只是一包薯片，可以给你快感和愉悦感，但不吃也不会死，吃了也不会死，只是看你要不要吃，爱不爱吃。

你有过，或者想要，那就一直有下去，掌握好分寸，了解男人在性方面的心理因素，并完成对男人的反控制。

如果你不想有，或者一直想保持处女之身，那也可以，那就要注意千万不要被男人给忽悠了。

最不好的情况是内心有处女情结，但在行为上却轻易地被男人推倒，完事之后又后悔。这种纠结，才是自己抽自己的耳光。

如果从实际意义，或者从心理学意义上来看，我是不建议女生有处女情结的。因为性是一个天性的东西，是难以遏制和束缚的。而且处女情结或者禁止婚前性行为，本身就是一件非常男权的事情，是为男人保留贞洁。

很多女人，与其说是深深爱一个男人，还不如说是被一个男人性征服。你觉得自己和他上床了，就只能一直和他上床到底，这就会产生一系列情感问题，最后变得苦不堪言。

所以，合理地使用性这个选项，不要有任何心理负担，才是最佳玩法。

3. 处女情结是男人的恶趣味。

还有一点，其实所谓的处女，所谓的处女情结，是男人塑造出来的东西。

最开始的时候，男人总是拿处女膜说事，仿佛没有处女膜就一定不纯洁了，没有处女膜一个女人就不是好女人了。

后来妇女解放，处女膜崇拜被人一次次地鄙视，差不多到2000年左右，男人们开始不太敢公开宣称自己热爱处女膜了，于是另外一种理论被搬上桌面。

有人说，女人和男人上床后，精液会在女人的体内改变她的基因，最后导致生出来的孩子像前男友。

这个说法，完全是一派胡言，每一个字都是假的，可偏偏就骗了很多女人，搞得她们心理负担极大。

我告诉你们为什么会有这些谣言，为什么男人总是喜欢处女。所谓处女情结，就是男人独占地盘的心理，和狗狗撒尿一样，总是想找个从来没人碰过的地方，一个人霸占。

不管男人自己碰过多少地方，他总是希望是别人没有碰过的，这样才算是自己的地盘。这是纯粹的自私性的表现。一个男人要玩几个女人，而且每个都要是处女，这个世界上哪有这么多处女？这个男人不觉得自己坏，反而觉得不是处女的是坏女人，这是多么霸道而野蛮的想法啊！

记住了，遇到那些有处女情结的男人，让他们都滚蛋。

他嫌弃你不是处女，也必然会嫌弃你其他的地方。一个男人连最基本的包容心都没有，以后还怎么过日子？

四

爱情里一定会遇到的一百个问题之二十八：婚前要不要避孕？

吴菲儿其实也犯了个错误，这也是她唯一的错——并非爱上坏男人，也不是婚前性行为，而是没有让这个男人避孕。

对于婚前避孕的事情，我是无数次奋力疾呼，恨不得趴在女孩耳朵上一次次重复提醒。

记得有一次，我收到微博上一个女生发来的私信（微博搜索：陆琪），她说自己已经为两个男人堕了三次胎，而今又怀孕了，该怎么办？

女孩子的语气非常冷漠平淡，甚至有一些自残的成分。可我收到这邮件时，手都是微微发抖的。

我问她为什么不避孕。她说怕男人不舒服，不想让对方不开心。

这是一个真实的案例，而类似这样的案例，我几乎每天都有收到。这是一种多么傻的想法。你担心男人不舒服，可男人为什么不担心你会怀孕、会堕胎呢？

1. 避孕套会让男人不舒服吗？

男人的舒服，只不过是高潮时的几秒钟，可对女人来说，堕胎究竟有多痛，你知道吗？刮宫对身体有多大损伤，你知道吗？堕胎超过两次就很可能会有生育上的问题，你知道吗？

我常说，婚前性行为是可以的。但都给我记住了，不戴避孕套的婚前性行为绝对不能接受！不要听男人说什么不会怀孕、安全期啊，什么没有病啊，那都是废话。你们怀孕，又不是男人怀！你们生小孩，又不是男人生！你们堕胎，又不是男人堕。他们为了爽几秒什么都可以，你们堕胎两次就可能终身不孕啊！

我告诉你们为什么男人不爱用避孕套，不是因为不舒服，而是他们有狗占地盘一样的心理，觉得只有直接射进去，你才算被他用过了，是他的地盘。

明白了吗？生理上的快感，虽然用不用避孕套会稍有区别，但并不会那么大，真正大的区别是心理上的。

很多女孩子，就是被动取悦型人格，每次都要看男人的脸色，看男人舒服不舒服。你要想到，对于一件有这么大伤害的事情，要你冒这么大的风险，这根本不是爱情，而是他不够爱你。

你为男人考虑的已经足够多了，请为自己考虑一下，请好好保护自己的身体。

2. 什么样的男人才会让你去堕胎?

吴菲儿怀孕后，希望他的男人可以负责，但等来的，却是一句“打掉”。

这个词，很多女孩都不陌生。她们以为自己的付出，可以换来婚姻，但实际上，这些男人都不敢正视怀孕的事实。

为什么？

很简单，就是因为这些男人根本不打算娶你。

一个想要娶你的，甚至已经把你当做老婆的男人，是很愿意有孩子的。因为孩子是爱情的结晶，是一个家庭的延续，对于负责任的男人来说，做父亲当然是这个世界上最好的事情了。

那么，会不会是没有准备好，两个人还不适合生孩子呢？很多男人都用这个借口来要求女人堕胎。

我可以告诉你，一个真正想和你结婚的男人，即使在不适合的情况下，也不会选择堕胎。因为堕胎失去的是他的孩子，伤害的是他老婆的身体。对于他来说，一点点不适合的情况和两个亲人被伤害相比，孰轻孰重是非常明确的。

虽然的确存在没有准备好的情况，但绝大多数男人还是会选择结婚和生孩子的，所谓奉子成婚就是从这里来的。

那么，什么男人才会让你去堕胎？

只有不爱你的男人，不想负责的男人，根本没想过和你结婚的男人，才会让你去堕胎。

因为你所怀的孩子，在他们眼里，根本就不是什么爱情的结晶和家庭的延续，而是你要挟他的一个手段，是他的一个拖累。

他根本就不想和你在一起，当然更不想和你有一个拖累。

在这种情况下，男人就会尽快拉着你去堕胎，以免夜长梦多。

明白了吗，堕胎与否其实是个测试，当你怀孕了，爱你的男人会高兴并且选择结婚，而不爱你的男人则选择打掉。

一目了然。

第二章

爱情如何才能变成婚姻?

一

不要陷入自我构建的虐恋情绪中

吴菲儿经历过了地狱般的时光，她在我这里作了快有三个月的咨询和交流，终于慢慢地缓解了心伤。

她父母也陪着她去国外旅游了好大一圈，开阔了眼界之后，吴菲儿算是彻底走出了梦魇，又能够重新面对生活了。

经历过这么多，吴菲儿对模特圈感到了恐惧，她不想再成为别人的猎物。

我之前跟她说，在这样的圈子里，可以被人捕获，也可以不被人捕获，但无论如何，你都是一只在奔跑的猎物，想要逃出这样的宿命，就只有离开捕猎场。

所以，吴菲儿决心远离这个圈子。她放弃了做模特的梦想，打算踏踏实实地从头开始。

吴菲儿在大学里学的是外贸英语，虽然大学里没有好好读书，毕业后也都是在做模特，但她确实有些语言的天赋，英语一直都很好。

有了这个技能，又身揣文凭，于是吴菲儿去一些比较大的企业应聘工作。才应聘了三家公司，就有两家发来了录用通知。

所以我一直跟女孩们说外貌的重要性，这个社会只要有男人存在，就是这样现实。如果是个外表普通的女孩，不晓得要有怎么样的履历、工作经历和能力，才可以进入公司。而对吴菲儿来说，只要有过得去的硬件条件，所有面试官都会大开绿灯。

并不是说有人对她有邪念，而是所有人都喜欢美的东西。公司里进来一个美女，总是会好一些的。

吴菲儿到这个公司当了个普通的白领，每个月收入几千块。虽然比当模特时少多了，工作也要累一些，但对吴菲儿来说，却是一个特别的体验。而且她之前也存了不少钱，现在对薪水也不是很在意。

进入公司后，以吴菲儿的外貌条件，自然成为了女人的公敌，男人的追求目标。这是非常容易理解的。女孩漂亮但不算出众，还有可能成为同性们的朋友，但一个女孩要是漂亮到超出平均水平太多，那毫无疑问会成为其他女人的公敌。

但去做男人的追求目标，显然也不会有什么好结果。吴菲儿刚刚开始工作的那一个月里，总公司就发生了好几次追求者的打架事件，而平时前台收花、收礼物更是签名签到手软，公司内部邮箱快成情书大聚会了。

这个情况令主管很无奈，和吴菲儿谈了几次。但吴菲儿表示，她其实也是受害者，完全没想要被那么多人追。

最后，吴菲儿只能当着主管的面，给每个追求者都写了一封言辞刻薄的拒绝信，这才把事情了结。

但后遗症却一点都不少。这下子，公司里不只女孩不喜欢她，连男人都不喜欢她。各种谣言纷起，说吴菲儿是靠潜规则进公司的啊，说吴菲儿私生活混乱啊，说吴菲儿老是出去接私活赚外快啊，等等。

在单位上班的女孩应该会知道，工作累一点是可以忍的，赚钱少一点也没什么，可每天都被人指指点点，让人在身前身后说坏话，是最难忍的事情。

何况吴菲儿什么都没做，完全都是飞来横祸。她每天看着同事们在那边嬉笑，还用奇怪的眼神看着她，据说公司里还有一个专门的QQ群是用来八卦她的，这种生活，简直是压抑极了。

就在这个时候，一个人的出现拯救了吴菲儿。

这个人是个部门经理，虽然职务已经到了中层，但年纪其实很小。他叫耿乐，是从英国留学回来的海归，毕业于剑桥大学。

吴菲儿出国游玩的时候，去过剑桥大学，对那边简直着迷得晕头转向，一想到徐志摩，她就开始犯晕。

耿乐人长得高高帅帅，又很绅士，人很好，也是许多人暗恋的对象。他发现吴菲儿受人欺负排挤，就特意过来关照她，不仅帮她解了围，还几次带她一起吃午饭。

公司的男人看到老大关照吴菲儿，顿时就蔫了。无论什么心态吧，总而言之，再没什么人敢公开欺负吴菲儿。而女人们虽然腹诽，但也没了心气儿，八卦QQ群解散了事。

耿乐帮忙渡过难关，吴菲儿内心很感激，于是请对方吃了一顿大餐。这次晚饭，两人聊得非常开心，耿乐说起自己在英国留学时的趣事，而吴菲儿则讲了一些当模特时的经历。晚饭后，两个人还恋恋不舍，去了咖啡店坐到深夜，实在很晚了，耿乐才把吴菲儿送回家。在下车的刹那，他变戏法似的，从后备厢里拿出了一束花。

吴菲儿抱着那束花，心里面一阵感动。自从和前男友分手后，也有不少男人给她送花，但只能让她感到烦恼，而没有心跳的感觉。只有耿乐这次让吴菲儿面红耳赤，仿佛找回了恋爱的感觉。

这当然是恋爱。随后一段时间，耿乐开始越发明确地发起了攻击。首先是每个周末都会约吴菲儿去玩，按他的话说，是为了不给别的竞争者以机会；然后在公司里，只要不开会和加班，都会霸占着吴菲儿一起吃饭，平时送礼物或者接送回家就更不用说了。

吴菲儿对耿乐当然是有感觉的，甚至还有些爱慕。但她也有顾虑，那就是耿乐是她上司的上司，如果真的确立了恋爱关系，恐怕很多人会说他们有潜规则，甚至有别的什么不好的流言。吴菲儿受不了这样的流言，也不希望影响耿乐的前途。

所以，吴菲儿开始有意地疏远耿乐，也不再赴约。这让耿乐十分痛苦，吴菲儿自己也流了许多次泪，仿佛又陷入了琼瑶剧里相恋却不能在一起的悲剧。

后来吴菲儿的闺密把这情景告诉我，我真是哭笑不得，立刻给她打了个电话。

其实女孩子有时候真的很容易走进情绪的死胡同。什么相恋不能在一起，听起来很严重，实际上却狗屁不通。在这个时代，哪里还有相恋不能在一起的事情，要么是爱得不够，要么就是不想去做。

你因为自己感觉相恋却不能在一起，而杜绝了相恋的可能性，其实只不过是你享受这种虐恋情绪，想一直沉浸其中，不愿走出来而已。

爱情是可以实现的，除非你一定要让自己出演琼瑶剧的女主角。

吴菲儿的顾虑当然是对的，但问题就出在她没有去和别人商量。她自己解决不了的事情，怎么知道其他人解决不了呢？

所以我让吴菲儿把这顾虑告诉耿乐，让耿乐去处理。一个负责任的男人，一定会把这种事情处理好，不让女人受到一点点伤害。

后来吴菲儿果然支支吾吾地和耿乐谈了一次。耿乐是非常干净利落的人，才一个礼拜就把事情处理得很妥善。

他主动向总公司提出申调报告，要求平调到另外一个部门去，而原因就是和吴菲儿之间会开始谈恋爱，以后甚至可能会结婚。

这种事情，在外资企业里也常会发生，虽然绝大部分情况不需要汇报，但高层并不反对这类提前打招呼的方式，可能还会觉得很专业。

但最后处理的方式，却和耿乐申请的不同。总公司没有动耿乐，反而把吴菲儿调到了另外一个部门，并小小地升了半级。

高层的想法很简单：让一个大有前途的中层干部换部门，还不如让下面的小人物吴菲儿换更加不伤筋动骨，而且小升半级，也算是给了耿乐一个面子。

这件事情可谓皆大欢喜，两人身处不同部门，就没有利益冲突，耿乐不仅前途无忧，还让高层觉得他很专业。吴菲儿离开了流言蜚语的漩涡，反而因祸得福。

两人这才开始正式恋爱。耿乐虽然年轻，但为人处世却很老练，确定关系后，他率先搞定的就是吴菲儿的父母。

吴菲儿父母虽然对她管束严格，但并不反对女儿谈恋爱，只是担心她遇见坏人。如今看到耿乐这样的名牌大学海归，又年轻有为，当然是满意得不得了。

搞定了吴菲儿的父母后，再交往一段时间，耿乐就很顺理成章地把吴菲儿带出来同居。

这事情，吴菲儿的父母还担心了一下，生怕女儿会有阴影啊什么的。但发觉吴菲儿的心已经完全在这个男人身上，把从前那些不好的记忆都抹掉了。

这次恋爱谈得倒是很正常，并没有惊天动地的感动，也没有天天抹泪的悲伤，日子就是一天天平淡而甜蜜地过去。

我也一直跟大家说，真正好的爱情，是一种生活，它不会让你情绪过于波动，而只是很平淡。平淡才是生活。

转眼一晃，两人同居了快有三年。耿乐已经基本进入公司的高层，而吴菲儿也顺理成章地做了一个小小的部门主管，两人生活稳定，感情稳定，但就是有一个问题。吴菲儿觉得两个人既然谈了这么久的恋爱，也同居了这么久，现在年纪也差不多了，应该要结婚了。

可耿乐却完全没有提过结婚的事情。吴菲儿左暗示右暗示，他都假装没听到，每次都扯开话题。

吴菲儿有些烦恼。她当然确定这男人是爱自己的，两个人的生活已经和夫妻没什么区别了。而吴菲儿要的实际上也不多，就是领个证就好，酒席办不办都可以，或者出去旅行一趟，就当旅游结婚了。

但耿乐就是不搭这个腔。有时吴菲儿生气，他也会来哄，总说再等等，再等等。后来实在逼不过了，耿乐才说出来，原来他们两人在一起这么多年，耿乐的父母一直都不同意，所以才没有办法带吴菲儿回家，也没有办法提结婚的事情。

吴菲儿第一次听说这件事，立刻逼问，几番下来才弄清楚。

原来耿乐的父母都是高级知识分子，父亲是知名大学的学者、博导，而母亲也是很出名的作家。这种家庭的家教，比吴菲儿家还严格。

所以他们把儿子送出国，也要儿子回国工作，对于儿子未来的人生，都规划得七七八八了。在他们看来，耿乐的妻子就算不是博士，也至少得是个硕士，而且最好也是学界的，为人要本分，不用太漂亮。

但耿乐和吴菲儿谈恋爱后，几乎所有的条件都没有达到。吴菲儿只是本科学历，吴菲儿长得很好看，吴菲儿不过是公司的文员。最重要的是，她曾经还当过模特。

在老一辈人的眼里，模特可不是好职业，口碑比较差。而且他们也听说许多模特的私生活比较乱，所以对吴菲儿当儿媳妇始终持保留态度，耿乐的母亲甚至还出言反对过。

这里还需要额外提一句，老人家尚不知道吴菲儿堕过胎的事情。我一再提醒女孩子，有些事情，你是可以告诉老公的，但绝对不能告诉老公的父母。

一个男人爱你的话，会懂得什么事情是应该藏在肚子里的。譬如耿乐就是，吴菲儿并没有想瞒他，所以将自己曾经被以前的男朋友骗以及去堕胎的事情都说了。

而耿乐则完全隐瞒下来，一点都没有透露给父母。这就是一个男人还想要和你在一起，并且有过结婚打算的表示。

但即使是这样，耿乐的父母也还是不同意两人的婚事。

吴菲儿有些委屈，但更多的是着急。她问耿乐，怎么样才能讨好他父母，从而过关，但耿乐又支支吾吾地应付过去了。

开始时，吴菲儿的确以为问题只是出在耿乐的父母身上。但有一次，很偶然的机会，吴菲儿和耿乐的铁哥们儿聊天才知道，其实耿乐自己也是不想结婚的。

怎么说呢，其实耿乐从很早的时候起，就是个非婚主义者，甚至想做丁克。就算是和吴菲儿在一起后，耿乐也好几次跟兄弟们说，一直这样下去也挺好，吴菲儿和他两个人可以同居一辈子，就不要用结婚来捆绑住对方了。

耿乐的思想里，有很多西方化的东西，所以他崇尚自由，不愿被什么牵绊住。他也需要女人，需要一个家，但如果用自由去换，就觉得不划算了。

耿乐的座右铭是那首诗：“生命诚可贵，爱情价更高，若为自由故，两者皆可抛。”

吴菲儿听了这些事情，心里真是有一口气堵着出不来。男朋友的父母有那些偏见，而自己的男朋友也不想结婚，那么现在的一切又算是什么呢？过去的三年又算什么呢？难道吴菲儿是在陪他们玩游戏吗？难道到了三十多岁再分手吗？到那时又嫁给谁去？

当时吴菲儿的第一反应，就是要和耿乐分手。可是回去后想了一会儿，又不得不默默地承认，自己还是很爱这个男人的。

耿乐也并没有说不爱她，甚至连房产证、银行存款他们都是联名的，耿乐只是不愿意结婚而已。

所以吴菲儿思考良久，终于下定决心——分手并不是她想要的，结婚才是她真正要的结果。

所以，她专门来找我，想问问究竟有什么办法可以解决自己的两个麻烦。

二

爱情里一定会遇到的一百个问题之二十九：男朋友的父母反对怎么办?

吴菲儿已经成熟了，自从她可以理智地思考自己究竟想要什么的时候，就已经是一个很成熟的女人了。

每个女孩都有年轻气盛的时候，也有纠结落泪的时候，还有咬牙坚持的时候，那都不是成熟，而是在青春单纯的路上。而等到生不出气，落不下泪，知道该放弃，最重要的是，懂得自己想要的是什么，并会为此而努力的时候，就是完全成熟了。那时候，虽然你已不再有一往无前的勇气，但会抓住自己身边最小的幸福，因为那才是女人这一生可以拥有的东西。小小的，但是确定的、属于你的幸福——一个家。

吴菲儿遇到的问题，很多女孩子都遇见过，但这次的分外棘手。

虽然是新时代，可是当儿女恋爱结婚时，父母的干预还是很常见的。有些人遇到女方父母的反对，有些人遇到男方父母的反对。

而反对的主要理由基本是一样的，那就是硬件条件，通常和家境、学历、财产、地位、外貌等有关。

1. 是不是父母反对，爱情就前景堪虞？

许多人都遇到过父母反对的情况，但也不是每一对都会分手的。我们在长期的案例调查中发现，不同一方的父母反对，最后的解决方法也往往不同。

首先必须说明，如果父母一反对，两个人就开始闹别扭并且立刻分手，这种属于根本没有真正爱上，不在讨论之列。

如果是女方父母反对的，我们会看到，女孩子的抗争都会很激烈，在绝大多数情况下，都会和父母吵架、抗争，甚至是翻脸。

我有一些较普遍的案例，在女方父母反对的情况下，一直抗争都无法解决，很多女人会选择跟男人私奔去另一个城市，然后登记结婚，生完孩子后再来见父母。

之前内地有一个媒体的女记者，和报社临时工相恋，女方父母竭力反对，最后两人不得不私奔到北京，结婚生子，过了两年后回家，父母被迫接受。而如今，这两个人都已经是媒体主编，生活很幸福。

那么反过来，男方父母反对怎么办？很遗憾的是，你会看到，男人跟父母翻脸抗争的案例会少很多，反而父母胜利的案例会多很多。特别是一些从小受父母管束，自己没什么主见的男人，遇到父母反对就彻底地颓了。

男方父母反对，分手概率超过五成，这是个很可怕的概率，这个根源在于男人内心的怯懦。在男人的心里面，爱情这种东西，永远比不过压力。

当一个压力让他们感到难以承受时，男人就有可能率先放弃爱情。原因很简单，男人的爱情是征服欲和性欲，最多还有一些感动。当他和你在一起后，所有的爱情都已经得到满足，结婚与否已经不重要了。这时候如果遇到压力，当然是先放弃爱情。

所以这就是不公平的所在——女方父母反对，往往由女孩去抗争，并且常常能赢；而男方父母反对，男方反而会逃避，还是要由女孩去抗争。

所以在爱情里，往往女人才是战士，而男人，只有在追求别人的时候才会战斗，其他时候都只会逃避。

以前人们总说战争让女人走开，而现在呢，爱情会让男人走开。

2. 父母为什么要反对?

那么男方的父母，为什么要反对儿子的爱情呢？这个问题关系到最终如何解决，所以必须搞清楚。

如果把问题拆开了看，其实男方的父亲和母亲，在反对的问题上，也是有区别的。往往男方的父亲反对起来没有那么坚决，处于一个从属、配合母亲的角色。而他的反对理由，也和自身面子有关。譬如，因为女方的家世背景，因为女方的外貌，因为女方过去的经历，等等。

而男方母亲的反对，处理起来则要棘手得多。我们日常所见的因为男方家庭反对而最终爱情破裂的案例，基本上都是因为男方母亲的全力反对，而这个阻力和压力，往往是男人所承受不起的。

大家都以为，婆媳关系难搞是在婚后，其实在婚前就已经有所表现了。

男方母亲反对儿子恋爱的理由，是五花八门的，可以说你能想到的理由、想不到的理由都会出现。

但我经常说，**遇到一件事情，尤其是和女人有关的事情时，千万不要看表面，也不要听她说什么。因为女人遇到事情，往往会纠结成一团乱麻。我们要抛开表象，看里面真正的原因。**

未来婆婆的反对理由无论有多少，无论有多么充分，真正的原因只有一个——怕儿子吃亏。

未来婆婆是这样一种生物——她们永远将自己的儿子当成世界的中心，永远觉得儿子是世界上最好的男人，永远觉得其他女人配不上儿子，永远觉得儿子娶媳妇是有可能吃亏的。

这其实并不能责怪母亲，因为这只是母爱的一种表现，是女性的生理性和情绪性导致的必然。今天她是这样，明天你也会这样。

未来婆婆太过于注重儿子，太怕儿子以后过得不好，担心没有自己在身边儿子会吃苦，所以才会对准媳妇挑三拣四，甚至提出一些无理的标准。

有的要学历，有的要身高，有的要家境，有的要职业，有的要外表，有的要长得丑的，有的要脾气好的，有的要看经历……总而言之，五花八门，各种各样。

但这一切的一切，都是因为未来婆婆心里面的不安全感。这种安全感的缺失才是她提出种种标准的症结。

所以，**未来婆婆反对你们的爱情，往往并不是因为你不够好，而是因为她觉得儿子以后会过得不好。**

这也就是很多女孩子感到纳闷的，为什么自己条件越好，未来婆婆就越讨厌自己。

很简单，因为你太好了，所以她怕儿子吃亏，所以如果你不够好，反而是安全的。你要是低眉顺眼像童养媳，那就算条件很差，恐怕婆婆看着你都会很喜欢。

这就是婆婆的心态。

3. 怎么让未来的公婆对你满意?

了解了上面的原因，我们再来找解决方法，就很简单了。

既然未来婆婆反对的原因，是缺乏安全感，担心儿子过得不好，那么你给她安全感，让她高兴就好了。而且这件事情并不难，往往是做到你本来就在做的事情就好了。

有些女孩很奇怪，平时在自己家对男朋友极好，甚至算得上无微不至，关心备至。毕竟是爱人，都是抱着取悦和照顾的心态的。

但去了男友家里，当着他父母的面，却偏偏要摆出一副小公主的样子，要男人来伺候她，还以为只有这样，才能让公婆看得起她。

其实完全错了，应该反过来才对。

你在自己家里，你想伺候老公或者让老公伺候你，都可以，看你高兴、看你愿意，因为没人看到，完全可以想怎么样就怎么样。

而在未来公婆家，你就要装一装，至少短暂地装一下好女人、好老婆。这不算演戏，只是让未来婆婆安心而已。也不算骗人，因为你本来就爱她儿子，只是把这种爱表现出来而已。

如果未来婆婆反对你们，请做到以下几点，基本上可以缓解关系。

譬如，吃饭的时候，帮男人夹菜添饭，要积极主动；

譬如，饭后，要帮男人削水果，甚至主动送到嘴边；

譬如，出门散步时，要主动挽着男人的手，表示亲热，但也可以挽着未来婆婆的手，要有小棉袄的感觉；

譬如，男人生病的时候，要嘘寒问暖、添衣送药；

譬如，男人工作的时候，要不打扰但经常送吃的，送水喝；

譬如，男人不开心的时候，要主动上前按摩宽慰。

注意了，我说的这些，不是让你平日里都做，而是让你在未来公婆面前“表演”的，你演完了回家就算让老公跪键盘都可以。

只要做到这些，未来婆婆绝对不会再挑剔你。因为她能感觉到你对她儿子的好，能体会到她儿子在你这儿绝对不会吃苦，而这就够了。其他的硬件条件，会变得没有那么重要。

但还有一件事情，各位一定要切记，那就是你不能被认为会拖累她儿子的事业。譬如说，她儿子在开公司的时候你拼命花钱；她儿子在加班的时候，你拼命讲电话；她儿子想要工作，你却要玩。

我曾经遇到一个案例，男女双方订婚后一起出国留学，结果女生和男生连续换了三个学校，最后两个人都没有毕业而回国。结果男方父母大怒，说这女孩不懂事，拖累了男生，一定要两人分手。

男人为了感情抗争了一下，结果准婆婆单独送男人出国，把准媳妇留在国内。而过了不到一年，男人在那边又有了女朋友，这边就黯然分手了。

促进男人的事业，而不是拖累，这一点不仅对未来公婆很重要，实际上对你的将来也很重要。

双赢的事情，为什么不做呢？

三

爱情里一定会遇到的一百个问题之三十：怎么让男人答应结婚？

解决了未来公婆的问题，还有一个更棘手的障碍摆在你面前：男人本身也没什么结婚的意思，或者是他并不会主动提出结婚，或者是对你的结婚暗示视若无睹，总而言之，他似乎对结婚不热衷。

这该怎么办呢？

1. 男人为什么不爱结婚？

男人真的很不爱结婚，尤其是在一段长恋中，同居了几年之后，男人往往会彻底失去结婚的兴趣。

为什么呢？原因很简单，因为他不需要，他没有这个需求。

我一直在讲，男人是很重实利的动物，他们做一件事情，牺牲自己的一部分，就一定要获得些什么。

而结婚对男人来说是什么？是一种巨大的牺牲。

说到这里，许多女孩子可能会很震惊，结婚怎么会是男人巨大的牺牲呢？难道不应该是女人巨大的牺牲吗？

这就牵涉到立场的问题。女孩是怎么看待结婚的尚且不论，对女人来说，婚姻无疑是一种幸福，是自己安全感的来源，也是家庭的基础。

但对男人来说，婚姻却代表着责任，代表着失去自由，代表着放弃了选择权。没错，对女人来说也是这样，但女人并不介意这个，可是男人介意，而且还会认为是一种巨大的牺牲。

既然男人是重实利的动物，那么作出了巨大的牺牲之后，就一定要有相应的回报才行。但对于长恋之后同居已久的男人来说，却并没有这样的回报。

简单来说，一个男人对女人的要求，就是得到她的身体，独占她的感情，和她生活在一起，并且受她的照顾。

而这些事情，在你们的同居生活里已经完全实现了。他已经都得到了，那么他为什么还要结婚呢?

听起来很现实对吗，的确是这样现实。男人只会为没有得到的东西或者承受不住的压力去作出牺牲。

而当他一切都得到了，就不会愿意再打破现状，而进入一种需要他付出更多、承担更多责任的生活。

爱情是种心理学，而这就是一个男人的爱情心理学。

你跟一个男人经历过三年的同居生活，一切的一切他都习惯并得到了，就没有任何必要主动和你结婚了。

这就是为什么我经常说，不要谈过长的恋爱，不要过长时间同居的道理。

超过五年的同居，分手概率就有明显的上升；超过八年的长恋，分手概率超过六成。

恋爱越短，结婚的可能性越大；恋爱越长，结婚的可能性越小。

现实，就是现实。

2. 为什么男人会承诺结婚?

当然也有女孩会反对，说遇见的男人很爱结婚啊，都是他们一开始就提出结婚要求。

但我可以明确告诉你们，他们提出结婚的时候，往往是还没有追到你，或者刚刚追到你而没有上床的时候。

现在男人最管用的泡妞手段是什么？不是耍帅装文艺。而是扮老实从一开始就对女孩说，我们结婚要个孩子吧。女孩以为对方是可以结婚的对象，于是放心大胆交往，可实际上，对方不过玩玩而已……记住啦，结婚生子对男人来说是最后一刻的承诺。随便说说的结果就是随便玩玩，无一例外。

这一条真的很灵，当男人在恋爱前期跟你说结婚的时候，其实都是口头承诺，随便瞎说，目的是为了得到你，如果你当真，那就真的傻了。

只有在恋爱后期，对你习惯之后，再提出结婚，才是真正想和你成为一家人的。

当然，也有厉害的女孩子，在恋爱初期，趁着男人口头承诺的时候，就拉着对方去登记。而很多男人因为面子拉不下来，就真的去登记了，这也是很棒的策略。

但是这种类似于闪婚的策略，最终结果会不会好，我却只能存疑。因为闪婚之后往往会出现闪离。两个人未来几十年的生活，用几天甚至几分钟来决定，实在是太轻率了。

结果好坏五五开的结婚，还不如不要呢。

3. 怎么才能让男人主动提出结婚？

最后要解决的问题，就是怎么才能让男人主动提出结婚。

这里，我必须要再次重复我所提出的“婚点”的概念。

怎么才能谈一场有结果的恋爱？关键不在于你多爱他，而在于这男人的婚点到了没有。男人结婚都是被动的事情，需要第三方力量推动。他和你谈了五年恋爱，一直同居，生活也有人伺候，既然什么都得到了，为什么他还要放弃自由去结婚呢？所以，恋爱并不能让男人进入婚姻殿堂，只有和达到婚点的男人恋爱才能有结果。

什么是婚点？这是我原创的概念。男人的生命里，始终有一个婚点存在。在婚点到达前，就算和他谈一百年恋爱他也不会结婚的；而婚点达到后，一个月就可能让他结婚。所以，想要有结果的女生，尽量找到达婚点的男人恋爱，不要在浮夸好看的小男生身上浪费时间。

所谓婚点，就是一个人想要结婚的转折点。如果你坚持不到男友的婚点到来，那么无论有多深爱，你都是消耗品，只是为他将来的妻子作准备而已。

男人 “婚点”的形成原因只有以下几个：

（1）来自父母的巨大压力。

（2）恋爱谈累了，玩累了，想要结婚。

（3）要做事业先安家。

（4）想要一个孩子。

（5）对女人没有安全感。

所以你看到了，这些婚点的形成，都是依靠外力的。既然是靠外力，那么我们当然有办法来使这些条件达成。

其中最好的方法莫过于三种：家庭压力、事业诱惑和安全感。

首先，你要知道，男人是一种没办法承受家庭压力的动物。他们既然无法承受父母的反对而被迫分手，那么当然也无法承受父母的压力而被迫结婚。

所以，当你搞定未来公婆后，就会知道，他们对抱孙子的企盼是无限度的，是为此可以作出任何事情的。当你想要结婚而男人毫无反应的时候，你就可以去找你婆婆，跟她畅想未来孙子的教养，读什么学校、叫什么名字等，给她看孩子的各种美图，刺激她想要抱孙子的愿望。

真的要生吗？那就请你逼你儿子先结婚吧。这时候公婆就成了你最好的第三方助力。他们会持续不断地给男人以家庭压力，而这种压力却和你无关，你是无辜的第三方。

其次，你要知道大部分男人都是有事业心的，所以你可以经常告诉他，某某在家庭稳定后是如何发达的，谁谁在成家后是如何上位的。

事实上，很多公司确实比较喜欢成家后的男人。因为他们的稳定性比较好，也需要固定经济来源，所以男人的成家和事业发展是成正比的。

你时常灌输这种念头，会让男人在潜意识里感觉到，结婚果然是一件对自己有好处的事情。这时候，他们就觉得结婚这种牺牲很值得了。

爱情是种心理学，心理学的技巧，就是用在这种地方。

最后，你千万不要让男人太有安全感。有些女孩在同居之后，就变得蓬头垢面，整天一副黄脸婆的样子，以为自己肯定嫁得出去。

但实际上，你让男人越有安全感，男人就越对你无所谓。而男人对你无所谓的话，就不会在乎你；他不在乎你，爱情就在逐渐地变小，分手的概率就变大。所以，不要让男人有安全感。你要更加漂亮，要经常出去和朋友玩，要继续有追求者，要能收到礼物和花。

只要你的男人时时刻刻有危机感，就不可能放松对你的关心。这时候让他提出结婚来绑住你，就变得顺理成章了。这也是心理学的实战应用。

预告：

下一本新书正在火热制作中，其中的男人篇，将会继续讲解以下问题：

1. 男人的谎言和誓言要不要相信？
2. 什么是大男子主义？
3. 男人的泡妞技巧有哪些？
4. 有处女情结的男人要不要？
5. 男人在上床前和上床后，为什么态度会变化那么多？
6. 男人爱你的标志有哪些？

后记

为什么？

在2011年11月的第一天，我写完了这本书的最后一个字。再过10天，就是2011年11月11日，人们所说的“神棍节”。

在你们拿到这本书的时候，应该已经过完了这个世纪最大的光棍节，而有爱情的人和没有爱情的人，都要继续面对自己的人生，面对感情上的风雨，面对欢笑和泪水，面对分分合合。

这本书，或者说，这个新爱情系列的开篇，是我很满意的。我觉得，终于可以系统地将我对爱情、对感情、对男女之事的看法阐述出来，而且说得很明白，说得简单明了。

其实，我现在就可以看到，当你们开始读这本书或者读完这本书后，都有些什么表情。有豁然开朗，有相见恨晚，有满腹怨言，有傻笑，有痛快，也有哭泣……但不管怎么样，最多的大概是一些“为什么”——对这本书的，也是对我的。

譬如，为什么你一个男人，却偏偏要写关于爱情的东西?

男人不能写爱情，这种认识，往往是由于女孩们觉得男人是不够细心、不够温柔、不够懂爱的。但是你不能否认，这个世界上最好的闺密，往往是男闺密。

如果一个男人够细心、够温柔、愿意聆听又懂得爱情，而且他还有足够的理智、有耐心、有逻辑分析、有表达、有坚强的意志和够宽广的心胸，这样的男人，为什么不能讲爱情呢?

如果你的身边有这样的男人，要么嫁给他，要么让他当你的闺密，千万不要浪费了。

又譬如，为什么你作为男人，却可以懂女人呢?

在这个世界上，人们总是难以互相了解。这并非是我们失去了懂得对方的能力，而是我们不愿意去懂。

因为每个人都在匆忙赶路，都在忙着表达自己，都在发表自己的意见，没有人愿意去聆听。每个人都急着让别人懂自己，最后就没有人愿意停留下来去懂别人。

聆听和思考，这是懂得对方的唯一方式。

我懂男人，懂女人，懂很多人，并没有什么了不起的本领。我唯一做的事情，只是“陪人哭”和“陪人笑”而已。

当你每天陪着女人哭，你就可以看到她们的心。因为她们柔软的真心，是包裹在泪水里的。

再譬如，为什么要写这样一本书呢?

好吧，请容我反问一句：我们为什么要爱呢？我们爱的目的是什么？

绝大部分人都会说，是为了在一起。

但爱了，就能在一起吗？这个问题也许很残酷，却真实地摆在我们面前。

从统计学意义上来说，两个相爱的人，最可能的结果是分手，其次是成为普通朋友，最小的概率才是结婚、永远在一起。

也就是说，爱情是一个大概率会失败，小概率会成功的事情。你什么都不懂，成功的概率就最小；你懂一些但不会做，成功的概率稍微大一些；你知道做什么，但是做不到，成功的概率比较大；你懂而且能做到，才有很大的成功把握。

写这样的一套系列书，原因就是这么单纯——只是为了让进入爱情的人能够懂得多一些，知道原理，知道该做什么。

我们是要在一起，那不妨多听一些东西。既然知识可以改变命运，那为什么知识不可以改变爱情呢？

在过去的几年里，我一直以聆听者的身份，出现在女孩们的身边，听她们的悲伤和欢乐，听着她们的故事。

我想，这个世界上，究竟有多少姑娘在等待着一个聆听者。我不可能一个个地去听，一个个地去陪着她们流泪。

那就继续写书吧。我的书，有时并不是在讲述，而是反过来。这本书也是在聆听，听每个看书人的倾诉，然后你们可以从中找到答案。

在上一本书里，我曾说，写下那些文字的原因，是希望少一个女孩落下眼泪。

而这本书呢?

或许可以让你们哭出来，然后笑出来。

接下去，你还有什么是无法面对的呢?

我爱你们，我在听。

陆琪

陆琪i约会QQ群

陆琪i约会简介

陆琪i约会是陆琪创建的全国性纯公益活动，专门为你寻找合适的约会对象。无论你是无敌宅还是小清新，总有一款适合你。我们将陆续在每个城市搭建陆琪i约会QQ群，前提条件是需要五名爱的志愿者参与管理。i约会群以聊天认识约会、活动组织约会和闪约三个方式提供约会对象。加入我们！约会吧！踏出你的寻爱之旅！

致陆琪i约会

相亲非得奔着结婚去吗？两个缺爱的人坐在一起，应该面红耳赤地等待心动，而不是严肃地交换条件。为什么人们觉得相亲很痛苦？因为太多人想用相亲来跳过恋爱阶段，直接进入婚姻。而这是不对的，相亲的结局不是婚姻，而应是一段爱情的开始。

——陆琪